RUTE SALVIANO ALMEIDA
MÁRTIRES CRISTÃS

RUTE SALVIANO ALMEIDA
MÁRTIRES CRISTÃS

MULHERES QUE DERAM A VIDA POR AMOR A JESUS

Copyright © 2022, por Rute Salviano Almeida
Publicado pela GodBooks Editora em parceria com a Thomas Nelson Brasil.

Edição	*Maurício Zágari*
Preparação	*Eliana Moura Mattos*
Revisão	*Rosa Maria Ferreira*
Capa	*Rafael Brum*
Diagramação	*Luciana Di Iorio*

Os pontos de vista desta obra são de responsabilidade dos autores e colaboradores diretos, não refletindo necessariamente a posição da GodBooks, da Thomas Nelson Brasil ou de suas equipes editoriais.

Todos os direitos reservados e protegidos pela Lei nº 9.610, de 19/2/1998.

É expressamente proibida a reprodução total ou parcial deste livro, por quaisquer meios (PDFs, eletrônicos, mecânicos, fotográficos, gravação e outros), sem prévia autorização, por escrito, da editora.

Os textos das referências bíblicas foram extraídos da versão Almeida Revista e Atualizada, 2ª ed., da Sociedade Bíblica do Brasil, salvo indicação específica. Eventuais destaques nos textos bíblicos e citações em geral referem-se a grifos da autora.

CIP-Brasil. Catalogação na Publicação
Sindicato Nacional dos Editores de Livros, RJ

A45m   Almeida, Rute Salvia no 1.ed. Mártires cristãs: mulheres que deram a vida por amor a Jesus / Rute Salviano Almeida. – 1.ed. – Rio de Janeiro: Thomas Nelson Brasil; São Paulo: Godbooks, 2022.

224 p.; 13,5 x 20,8 cm.

ISBN: 978-65-56893-16-7

1. Bíblia – Ensinamentos. 2. Cristianismo.3. Fé (Cristianismo). 4. Mártires cristãs. 5. Mulheres cristãs. 6. Teologia cristã. I. Título.

07-2022/15   CDD 272

Índice para catálogo sistemático

1. Mártires cristãs: cristianismo 272

Bibliotecária: Aline Graziele Benitez CRB-1/3129

Publicado no Brasil com todos os direitos reservados por:
GodBooks Editora
Rua Almirante Tamandaré, 21/1202, Flamengo
Rio de Janeiro, RJ, Brasil, CEP 22210-060
Telefone: (21) 2186-6400
Fale conosco: contato@godbooks.com.br
www.godbooks.com.br
1ª edição: setembro de 2022

ÀS MINHAS AMADAS sobrinhas, Carla Salviano Roverso e Isis Salviano Roverso Soares. Aos meus queridos sobrinhos-netos, Lucca Roverso Volpato e Henrique Roverso Soares. Louvo e agradeço a Deus por essa nova geração que veio renovar e alegrar a família, dando-lhe possibilidade de continuidade. Minha oração é que o exemplo dessas mártires sirva para seu entendimento do que é seguir a Cristo a qualquer custo e ser-lhe fiel até o fim. Deus os abençoe na jornada cristã, muito mais valiosa do que a terrena!

O QUE MAIS FEZ minhas lágrimas rolarem foi a lembrança dos sofrimentos e da morte de Teus mártires, que, totalmente inocentes, como cordeiros indefesos, foram levados à água, ao fogo, à espada ou às feras na arena, para sofrer e morrer por amor do Teu nome. No entanto, eu experimentei um grande grau de alegria ao contemplar a confiança viva que eles tinham em Tua graça e quão valentemente eles abriram caminho através do portão estreito. Ah! quantas vezes desejei ter participado com eles; minha alma foi com eles, por assim dizer, para a prisão; eu os encorajei no tribunal a suportar pacientemente, sem contradizer ou vacilar, sua sentença de morte. Parecia-me que os acompanhava ao local da execução, cadafalso ou estaca, dizendo-lhes: Lutem bravamente, queridos irmãos e irmãs; a coroa da vida espera por vocês. Quase imaginei ter morrido com eles; tão inseparavelmente meu amor estava ligado a eles, por amor do Teu santo nome.

Invocação de T. J. Van Braght, *The bloody theatre*, p. 5

SUMÁRIO

Apresentação	11
Prefácio	13
Palavras iniciais	17

capítulo 1
MÁRTIRES DA IGREJA PRIMITIVA: nobres, servas
e mães perseguidas pelo Império Romano 23

capítulo 2
MÁRTIRES DA IGREJA PRIMITIVA: jovens, virgens e
anciãs consagradas 47

capítulo 3
MÁRTIRES MEDIEVAIS: Inquisição, hereges, a beguina,
a falsa freira e a guerreira 75

capítulo 4
MÁRTIRES NA ÉPOCA DA REFORMA: protestantes torturadas
e martirizadas na Inglaterra 99

capítulo 5
MÁRTIRES NA ÉPOCA DA REFORMA: reformadoras
radicais: as anabatistas 129

capítulo 6
MÁRTIRES CONTEMPORÂNEAS: missionárias no
Oriente e membros martirizados da Igreja Perseguida 151

Palavras finais	179
Notas	183
Referências	205
Sobre a autora	215

APRESENTAÇÃO

EM SEU DISCURSO de posse na Academia Evangélica de Letras do Brasil, onde foi eleita para ocupar a cadeira 31 da instituição, a teóloga e historiadora Rute Salviano Almeida relatou algo estarrecedor: em seus muitos anos como professora de História da Igreja em seminários teológicos, ela jamais mencionou o nome de uma mulher sequer durante as aulas. Essa experiência a fez perceber a extrema necessidade de que alguém se lançasse à tarefa de resgatar a memória das mulheres que foram tijolos essenciais na construção da cristandade. Com essa motivação, Rute se tornou a maior promotora no Brasil do resgate da memória das mulheres que marcaram a trajetória do cristianismo. Entre elas, as mártires.

Toda vez que nos lembrarmos da célebre afirmação de Tertuliano: "O sangue dos mártires é a semente da Igreja", devemos ter em mente que muito do sangue derramado por aqueles que preferiram dar a vida a negar Jesus carrega o cromossomo XX. Seja no Coliseu de Roma, seja na Inglaterra da rainha Maria, seja entre os indígenas no século 20, seja sob o jugo do Talibã no século 21, muitos dos que morreram por amor a Cristo na verdade não são "dos", mas "das". Fato é que as mulheres sempre tiveram lugar cativo no panteão de mártires do cristianismo, graças à sua fidelidade inabalável ao evangelho de Jesus.

Quando propusemos a Rute a publicação de um livro que cumprisse o papel de registrar as histórias de vida — e morte —

daquelas que se destacaram entre as muitas mártires da fé cristã ao longo dos séculos, ela prontamente aceitou o desafio e se lançou à pesquisa, que resultou na belíssima obra que você tem em mãos.

Porém, mais do que apenas preservar o legado dessas heroínas da fé, *Mártires cristãs* lança luz sobre uma questão que pede nossa atenção e nossas orações: o martírio em razão do amor a Cristo não é um fato do passado. Ele segue acontecendo em diferentes países do planeta, como Nigéria, Líbia, Afeganistão, Paquistão, Somália e Irã, no exato momento em que você lê este texto. Segundo o ministério Missão Portas Abertas, o número de cristãos mortos no planeta aumentou, em 2021, 60% em relação ao ano anterior, com 4.761 mártires computados — dos quais muitos são mulheres.

Portanto, falar de mártires não é apenas olhar para o passado: é, sim, voltar os olhos para aqueles que deram a vida por Cristo em séculos anteriores, mas com as atenções dirigidas a uma realidade que nunca deixou de existir — antes, segue mais presente do que nunca.

A Editora GodBooks tem, por tudo isso, muita alegria de publicar, em parceria com a Thomas Nelson Brasil, esta obra essencial para a literatura cristã, com muita gratidão a Deus pela vida de Rute Salviano Almeida — cujo nome certamente será lembrado por gerações futuras como uma cristã preciosa, que deu o exemplo de luta para que outras cristãs preciosas não tivessem seu exemplo esquecido na poeira do tempo.

Boa leitura!

MAURÍCIO ZÁGARI
Editor

PREFÁCIO

CONHECI RUTE SALVIANO ALMEIDA pessoalmente em um evento em Campinas. Estávamos no intervalo, poucos minutos depois de eu ter ministrado uma palestra sobre a conversa de Jesus com a mulher samaritana. Em dado momento de minha reflexão, afirmei que alguns comentários bíblicos exalam "fedor de testosterona". Sim, infelizmente, algumas vezes a nossa cultura machista se manifesta sob disfarce de ortodoxia. Enfim, Rute veio me agradecer por ter dito isso. Imagino que uma palavra tão dura ter vindo da boca de um homem seja importante para as mulheres. Trocamos algumas impressões, e ela me presenteou com um livro de sua autoria, devidamente autografado.

Desde então, tenho acompanhado com muito interesse suas pesquisas e publicações. Se é preciso resgatar as vozes das mulheres na história cristã, é preciso também dar palco e microfone à voz de Rute e outras historiadoras e teólogas de nossa comunhão. Por isso, saúdo esta nova obra de Rute, que resgata mais uma narrativa das mulheres, agora sob a perspectiva do martírio.

O termo "mártir" é oriundo do grego e significa "testemunha". Refere-se àquelas pessoas que, ao defender sua fé diante dos incrédulos, estão dispostas a não ceder ou dissimular sua convicção, mesmo que lhes custe a vida. Na tradição bíblica, são aquelas que possuem o mais elevado estatuto espiritual. João apresenta a impressionante visão de que essas testemunhas sacrificadas pela

MÁRTIRES CRISTÃS

perseguição não estão apenas no céu, ocupando a imensa plateia cósmica diante de Deus — elas estão sob o altar, diante do trono do Altíssimo (Ap 6.9-11). A história cristã está repleta de exemplos de martírio, mas a maioria deles é de homens. Isso acontece por algumas razões. A principal delas é que, desde pelo menos o final da Antiguidade, as mulheres foram sistematicamente postas em posições inferiores pelas autoridades eclesiásticas. Desaparecendo da posição de liderança, as mulheres também desaparecem dos casos de martírio, uma vez que as perseguições selecionavam figuras exemplares dentre as comunidades cristãs. Mesmo nos casos em que elas conseguiram furar o bloqueio masculino, acabaram tendo sua preeminência vinculada a homens. Parece-me que um caso emblemático é Catarina von Bora, que, embora tendo importante função administrativa e participação em discussões eclesiais e teológicas, acaba sendo lembrada basicamente pelo seu matrimônio com Lutero. Então, também há casos de omissão ou ocultamento do papel feminino.

Pelos motivos mencionados, acontece de as mártires serem mais frequentemente mencionadas na Antiguidade do que nas eras posteriores. Seja por possuírem preeminência nos quadros da igreja, seja pela tradição cristã ainda não estar tão completamente empenhada em omitir sua participação. Enfim, o resultado dessa seleção narrativa é que normalmente conhecemos as mártires do início, como Perpétua e Felicidade, ou aquelas divulgadas pela historiografia ou pelo cinema, como Joana D'Arc. Mas desconhecemos outras tantas que, ao longo de dois mil anos de cristianismo, entregaram sua vida no altar da fé.

Este livro traz sua contribuição para o resgate dessa memória. Nas páginas a seguir, você encontrará capítulos que contam a história de mulheres desde a Antiguidade, passando pelo Medievo e pela Modernidade, chegando às mártires contemporâneas a nós. Rute nos demonstra como o martírio de mulheres

PREFÁCIO

foi "democrático", por assim dizer: tanto escravas como nobres, mães ou virgens, idosas ou adolescentes — todas as possibilidades do feminino foram vitimadas e receberam a coroa da glória de morrer por Jesus.

Outro atributo do livro de Rute está na citação de fontes primárias, ou seja, os textos produzidos pelas próprias mulheres em sua profunda devoção ante o martírio, ou registrados pelas testemunhas que conheceram de perto a sua fidelidade. Assim, cada capítulo intercala a narrativa dos antecedentes e do próprio martírio com textos produzidos no coração do acontecimento, mostrando-nos, nas tintas vívidas da experiência, o que significa entregar tudo.

Como Rute nos demonstra nesta obra, o martírio de mulheres não foi obra exclusiva dos perseguidores de fora da igreja (para nossa infelicidade). Por vezes, sua morte aconteceu pelas mãos de outros cristãos, que as acusavam de heresia por não se conformarem aos padrões estabelecidos pelas estruturas de poder ou terem a ousadia de divulgar ideias diferentes do consenso magisterial. Nisso, elas se parecem muito com homens que também levantaram sua voz contra a impiedade.

Enfim, convido você a fazer uma leitura atenta (e prazerosa!) de mais esta obra da Rute. Tomando a metáfora das vozes clamando diante do trono de Deus, possamos fazer coro com ela e com outras pesquisadoras e perguntar: até quando silenciaremos as vozes femininas em nossas instituições?

ANDRÉ DANIEL REINKE
Designer, historiador e teólogo, autor de
Os Outros da Bíblia e *Aqueles da Bíblia*

PALAVRAS INICIAIS

O ESCRITOR BRYAN M. LIFTIN afirmou que não se pode vestir uma túnica em Bonnie Whitheral, assassinada em 2002 no Líbano por um extremista mulçumano, nem calças jeans e camiseta em Perpétua, a mártir do século 3. Costumes, tradições e trajes não foram compartilhados por elas, pois não viveram no mesmo ambiente sociocultural; mas foram igualmente fiéis a Cristo, que morreu por elas e ressuscitou.

Agostinho, o Pai da Igreja, usou o nome das mártires Perpétua e Felicidade como "perpétua felicidade", um dom concedido a todos os cristãos que tudo suportam, pois anseiam a glória da "perpétua felicidade". Nossa vocação é a mesma: ser um símbolo da alegria por causa da vida eterna, apenas visualizada pela fé, mas já desfrutada pela firme convicção da salvação.

O objetivo deste livro é unir esses relatos de vidas em uma única história de lealdade, resiliência e devoção. Épocas distintas diferenciam essas cristãs, costumes diversos as tornam estranhas, tradições cristãs locais não as identificam como irmãs; contudo, cada uma, em seu tempo, à sua maneira, com seu fervor, testemunhou sua cidadania celestial.

Desde a Igreja Primitiva, quando se cria com mais intensidade que se era cidadão do céu, aos dias de hoje, quando muitos

MÁRTIRES CRISTÃS

cristãos se entristecem com a morte e não a consideram mais feliz do que o nascimento, muitos mártires têm testemunhado sua fidelidade a Deus.

Quando os discípulos foram dispersos pelo Império Romano e o cristianismo se tornou conhecido, isso fez diferença na sociedade, mas pagou-se grande preço: perseguições, torturas e mortes só por seguir a Cristo e negar a adoração aos deuses pagãos.

As mulheres cristãs sofreram preconceitos. Como o marido pagão deixaria sua esposa sair para assistir a cerimônias causadoras de tantos boatos difamatórios? Tertuliano narrou que um esposo ciumento, observando o comportamento da mulher e descobrindo o motivo, pede-lhe que volte para seus amantes, pois prefere isso a sofrer a vergonha de ser marido de uma cristã.

Vamos conhecê-las? Elas serão apresentadas em diferentes fases e condições de vida, assim como foram martirizadas de diversas maneiras: surradas com varas, atacadas por feras, degoladas pelas espadas, queimadas na fogueira, crucificadas, afogadas etc.

Nos capítulos 1 e 2 serão apresentadas as mártires da Igreja Primitiva: Blandina, uma escrava jovem; Perpétua, uma nobre senhora com um bebê recém-nascido; sua serva Felicidade, aprisionada grávida; um jovem casal crucificado junto: Maura e Timóteo; Eulália, uma adolescente corajosa; a jovem virgem Teodora e sete virgens anciãs, que viveram em uma época de grande valorização da virgindade.

No capítulo 3, será enfocado o final da Idade Média: a Inquisição, os hereges e as beguinas, que se envolveram na ação social. Marguerite Porete, uma beguina itinerante, escritora e pregadora, não se calou, em uma época que exigia o silêncio das mulheres e se impunha que não fossem ouvidas pregando sobre o sagrado em língua profana ou em qualquer outra língua. Ela teve sua obra

PALAVRAS INICIAIS

queimada e foi advertida a não divulgar suas ideias. Contudo, não parou de falar sobre o que cria, e, como herege relapsa que reincidiu na heresia, foi queimada na fogueira.

A seguir, encontra-se o relato de Maria Monjou, que se atreveu a se tornar uma reclusa para pregar o evangelho em um mosteiro. Tal ato foi grandemente repudiado e, após sua condenação à morte na fogueira, todo o convento (incluindo as freiras que creram no evangelho) foi incendiado.

Joana D'Arc, a líder guerreira dos franceses, também será apresentada. Ainda adolescente, ela empunhou sua espada e lutou pela libertação de cidades francesas; segundo seu próprio testemunho, tudo fez guiada pela fé e orientada por ordens divinas. Apesar de sua história ser extraordinária, provocou questionamentos. Elogiada e criticada, foi vista como uma cristã temente que recebia visões dos céus, mas também foi considerada demente, tendo sido condenada à fogueira pela Inquisição como herege.

Nos capítulos 4 e 5, discorre-se sobre o período da Reforma, que trouxe novas doutrinas e práticas atacadas pela Igreja Romana, incluindo a importância da tradução, distribuição e leitura da Bíblia, a crença na salvação pela fé e no sacerdócio de todos os que creem.

Entre os que criam, estavam as mulheres que abraçaram fortemente não só as doutrinas reformadas, mas também o fato de que podiam conhecer e falar sobre Deus, porque sua própria palavra as autorizava.

Novamente, grande preço foi pago; após as protestantes nobres inglesas, serão apresentadas as mulheres da Reforma Radical, as anabatistas, cujas doutrinas eram diferentes das luteranas, o que as tornou vítimas não só da igreja oficial, mas também do protestantismo.

19

MÁRTIRES CRISTÃS

Mesmo sabendo-se ameaçadas e perseguidas, as reformadoras ousaram falar abertamente de sua fé na Bíblia e reivindicavam o conhecimento bíblico para as mulheres. Desde o palácio até a choupana, onde viveram nossas heroínas, o nome de Jesus foi exaltado sobre todos os nomes e a coragem delas se fez presente nos interrogatórios, nas torturas e na execução final.

Finalmente, para concluir a obra, o capítulo 6 enfocará as mártires contemporâneas: missionárias que morreram longe de sua terra natal e de suas famílias, envolvidas com as missões ao Oriente; e aquelas pertencentes à chamada Igreja Perseguida, que continuam pagando alto preço por sua fé, mas que nunca desanimam ou deixam de seguir a Cristo.

Os relatos estão entremeados de testemunhos dos mártires, companheiros no sofrimento, na intercessão e no encorajamento. Essa história masculina até mesmo sobrepõe-se à das mulheres, e isso é natural, pois, além de mais citados, eles foram igualmente fiéis até a morte.

Os tipos de martírios mudaram com o decorrer do tempo: ser crucificado, ser jogado às feras, tornar-se tocha humana ao ser queimado nas fogueiras, ser sepultado em vida, afogado e, atualmente, ser alvejado por tiros, esfaqueado ou apedrejado.

Em conclusão, citamos a declaração do historiador Reilly: "É a mesma fé que anima a virtude do justo; é o mesmo Espírito Santo que guia e preserva a Igreja imperecível, edificada sobre a Rocha".[1] A fé é sempre igual, única e redentora, mesmo sendo distinta a raça, a cor, o gênero ou a época em que viveram e vivem os cristãos.

Contemplamos a graça de Deus nessas histórias e cremos que a mesma graça se fará presente na vida de cada leitor cristão, despertando sentimentos de lealdade, caridade e muita fé.

PALAVRAS INICIAIS

Fazendo nossas as palavras de Bryan Liftin, pedimos aos leitores deste livro que reflitam sobre o que significa cada um tomar a sua cruz e seguir os passos do Senhor. Não é a morte pelas chamas ou pelos dentes das feras que une os cristãos atuais aos mártires da Antiguidade, *mas a decisão inabalável de seguir a Jesus a qualquer custo.*

Que Deus nos abençoe!

Martírio de Blandina[1]

CAPÍTULO 1

MÁRTIRES DA IGREJA PRIMITIVA

NOBRES, SERVAS E MÃES PERSEGUIDAS PELO IMPÉRIO ROMANO

Perpétua e Felicidade[2]

"
Não havia nada tão reconfortante quanto o poder, a consolação e a proteção que Ele comunicava às suas filhas indefesas nos tempos terríveis de perseguição. Quando arrastadas perante os tiranos por causa de sua fé e virtude, Deus as protegia com as próprias mãos. Ele não somente as fazia triunfar sobre a raiva brutal do pagão, como as tornava mensageiras e testemunhas da divindade do cristianismo.[3]
"

[NERO] PROCUROU pretensos culpados e fê-los sofrer as mais cruéis torturas, pobres indivíduos, odiados pelas suas torpezas e vulgarmente chamados *cristãos*. Quem lhes dava esse nome, Cristo, no tempo de Tibério foi condenado ao suplício pelo procurador Pôncio Pilatos. Embora reprimida no momento, essa perigosa superstição irrompia de novo não só na Judeia, berço desse flagelo, mas até mesmo na própria Roma, para onde afluem do mundo inteiro e conquistam voga todas as coisas horríveis e vergonhosas. Logo, a princípio foram presos os que se confessavam cristãos [...]. Ao suplício dos que morriam juntava-se o escárnio, pois envolviam as vítimas com peles de feras e as expunham às lacerações dos cães, ou eram amarradas em cruzes ou destinadas a serem queimadas e, desde que acabava o dia, eram destruídas pelo fogo à guisa de tochas noturnas. [...] Então, posto que os castigos se dirigissem aos cristãos culpados e merecedores dos maiores suplícios, levantava-se por eles comovida compaixão, porque eram imolados menos por um motivo público que pela crueldade de um só homem.[4]

AS PERSEGUIÇÕES, SUAS CAUSAS E OS APOLOGETAS CRISTÃOS

Durante 300 anos, o Império Romano moveu perseguições contra os cristãos. Os diversos tipos de castigos, a intensidade dos suplícios e a crueldade dos algozes causaram a morte de muitos inocentes. Jerônimo, pai da Igreja, chegou a declarar: "Não há dia durante

MÁRTIRES CRISTÃS

o ano inteiro ao qual não se possa atribuir o número de cinco mil mártires, com exceção apenas do primeiro dia de janeiro".[5]

Tertuliano, outro pai, declarou que o sangue dos mártires era a semente dos cristãos; afirmou que, quanto maior foi a perseguição, mais cresceu o cristianismo. Nesse triste e cruel cenário, convém destacar a atitude serena dos acusados diante do tribunal, onde se defendiam afirmando somente: "Eu sou cristão". Para o cristão, isso dizia tudo: seu nome, sua cidadania, sua filiação, sua profissão e seu parentesco. O cristão considerava-se cidadão dos céus, filho de Deus, tendo como vocação principal servir ao seu Senhor e participar da família da fé.

Para compreender a alegria com que os mártires se dirigiam aos suplícios que lhes dariam a morte, é necessário saber que "só a esperança do eterno explica uma expressão surgida com o início dos martírios: o 'dies natalis', o dia natalício ou de nascimento, que era o dia de aniversário da passagem do mártir à mansão eterna".[6]

O martírio era considerado "batismo de sangue"; se o batismo nas águas identificava o crente com Cristo, o morrer em seu nome criava um vínculo especial entre o mártir e seu Senhor. Os pais da Igreja consideravam a morte do mártir outra espécie de purificação por sua união com Cristo no banho de sangue.

> Os mártires dão testemunho de Cristo de duas formas: pela palavra e pelo sangue. Podemos citar muitos cristãos que aproveitaram a prisão e o processo para gritar bem alto a sua fé e espalhar a verdade. [...] E muitas vezes isso se reduzia a uma simples afirmação, como aquela que soou nos lábios dos mártires africanos: "Eu sou cristão"; ou ainda no interrogatório prévio para identificação: "Como te chamas?" "Cristão, isso basta".[7]

Naquele período cruel de perseguição, os cristãos foram acusados falsamente de coisas abomináveis. Suas reuniões intrigavam os pagãos, que viam nelas uma das principais características da nova fé. Uma das primeiras preocupações com a expansão cristã foi a do governador Plínio, da província da Bitínia, que, em carta ao imperador Trajano, declarou: "Toda sua culpa ou erro, eles confessavam, limitava-se a reunir-se geralmente antes do amanhecer e cantar um hino a Cristo como a um deus".[8]

Mas de que eram acusados? De pertencerem a uma religião ilícita, cujos membros faziam parte de uma sociedade secreta; de se recusarem a oferecer incenso nos altares devotados ao culto do imperador; de ateísmo, pois não tinham nenhum deus visível; de incesto, canibalismo e práticas desumanas.

A acusação de incesto originou-se de uma visão errônea da prática da fraternidade cristã, com o costume do ósculo santo e o tratamento de irmãos. Um de seus acusadores foi o mestre de eloquência do imperador Marco Aurélio, Cornélio Fronto, que afirmou: "A luz entorna-se e extingue-se, e na escuridão impudica trocam-se indiscriminadamente abraços libidinosos; e todos a uma, se não pelo ato ao menos pela cumplicidade, se envolvem em incesto".[9]

A acusação de canibalismo deveu-se à imaginação popular de que comiam corpo e sangue de uma criança na celebração da Ceia do Senhor. Os cristãos não revelavam detalhes de sua celebração aos não batizados. Mas seus servos ou vizinhos podiam ouvir algo sobre comer a carne de Cristo e beber seu sangue. E, tendo que dar informações debaixo de tortura, não seria difícil passar informação errada.

Raça tenebrosa que foge da luz, emudece em público, tagarela nas esquinas, desprezando os templos e os sepulcros, blasfemando contra os deuses, zombando das coisas santas [...]. Eles se reconhecem por sinais secretos e, para dar ao deboche o gosto do incesto, chamam-se sem dissimulação irmãos e irmãs. Corre o boato que adoram uma cabeça de asno, e pior ainda, seus ritos de iniciação são

MÁRTIRES CRISTÃS

tão conhecidos como abomináveis. Conduz-se o neófito diante de uma criança coberta de farinha e ele soca essa massa disforme com golpes violentos. [...] E então, que horror! Eles lambem avidamente seu sangue e arrancam seus membros! É por essa hóstia que eles sacramentam sua aliança. [...] Seus banquetes são o pretexto para um deboche contra a natureza. Dizem que isso não passa de injuriosas fofocas? Por que então, únicos de sua espécie, eles não têm altares, nem templos ou simulacros conhecidos? Por que não falam e não se reúnem a não ser em segredo, se o que adoram e querem esconder aos nossos olhos não fosse culpável e vergonhoso?[10]

O fato de se reunirem nas casas uns dos outros ou posteriormente nas catacumbas tornara suas reuniões fechadas; devido a isso, muitas crendices sobre sua forma de culto foram espalhadas.

Quando eram vistos como uma seita judaica, foram desculpados de venerar o imperador, dispensados do serviço militar e podiam celebrar o sábado, mas, quando passaram a uma seita ilegal, eles perderam esse tipo de proteção: "Os primeiros cristãos não criam que pertenciam a uma nova religião. Eles eram judeus, e a principal diferença que os separava do resto do judaísmo era que criam que o Messias tinha vindo, enquanto os demais judeus ainda aguardavam o seu advento".[11]

Para refutar essas acusações, foram produzidas algumas das mais notáveis obras teológicas, entre elas: *A carta a Diogneto*, de escritor desconhecido; as *Apologias do pai apostólico Justino Mártir*; as obras apologéticas de Tertuliano e *Contra Celso*, de Orígenes.

Defesas de Justino

Das acusações de incesto:

A nossa esperança nessa outra vida faz-nos ter em desprezo esta e detestar até o pensamento do pecado. Segundo a diferença de

28

idade, olhamos os outros homens como filhos ou como irmãos e irmãs ou como mães e pais. Preservando a pureza daqueles que consideramos parentes, beijamo-nos com grande recato, como quem desempenha um ato religioso; e, se este ato fosse maculado somente por um desejo, ele nos privaria da vida eterna.[12]

Da acusação de canibalismo:

E seria possível que comêssemos homens!? Nós temos servos que veem tudo o que fazemos e nenhum deles tem deposto contra nós. Como mataríamos homens, nós, que nem sequer podemos ver execuções justas; que não suportamos como vós os gladiadores e as feras oferecidos em espetáculos e não acreditamos que haja diferença entre aquele que assiste a um morticínio e aquele que o comete; nós, que consideramos o móvito e o enjeitamento das crianças como homicídios?[13]

Defesas de Tertuliano

De não prestar culto ao imperador:

Os cristãos não manifestam a sua dedicação por juramentos e baixezas, oram pelo menos pelo imperador, não a divindades imaginárias, porém ao verdadeiro Deus, a fim de que lhe conceda longa vida, um tranquilo reinado, a segurança em seus palácios, soldados corajosos, um senado fiel, um povo virtuoso e a paz no mundo inteiro.[14]

De ateísmo:

Adoramos um só Deus que, por sua palavra, seu espírito e seu poder, tirou do nada este universo, com tudo o que o compõe, isto é, com os elementos, os corpos e os espíritos, para que fossem o ornamento da sua grandeza. Quereis conhecê-lo em suas obras? Mas tendes o testemunho de vossa alma que, em despeito da sua educação, das paixões e da sujeição aos falsos deuses, cada vez que ela desperta, chama-o pelo nome só de Deus, dizendo: Ó grande Deus!; Ó bom Deus!; O que Deus quiser!; Deus o vê!; Recomendo-o a Deus!; Deus mo dará![15]

Da refeição *Ágape*:

Bem sei que as nossas modestas refeições da tarde têm má fama não só como criminosas, porém também como sendo de um extremo apuro; e, todavia, nada se diz dos banquetes de tantas congregações pagãs. A nossa ceia no seu nome de ágape, que em grego significa caridade, indica de onde tira a sua origem; é uma consolação que damos aos pobres. Não há nela baixezas nem devassidão. Ninguém toma lugar à mesa sem ter orado ao Senhor; come-se segundo a necessidade, e não se bebe senão o conveniente sem ofender a pureza. Toma-se um alimento em certa conta como pessoas que têm de orar a Deus mesmo naquela noite e fala-se como pessoas que sabem estar debaixo da vista de Deus. Depois de terem lavado as mãos e acendido as lâmpadas, são todos convidados a cantar os louvores de Deus, tirados dos livros sagrados ou compostos por alguns de nós. A refeição termina com a oração também. Finalmente, separamo--nos com recato e modéstia. Tais são as assembleias dos cristãos; nós somos os mesmos reunidos ou separados; ninguém é por nós ofendido nem molestado.[16]

As refeições *ágapes* contrastavam sobremodo aos banquetes pagãos, pois nelas tudo era comedido — mais do que compartilhar uma refeição, partilhavam ensinamentos. Era costume oferecer aos participantes porções à escolha, que levavam num cesto ou guardanapo. Com o crescimento das igrejas, a própria igreja organizava os banquetes, preparando salas para esse fim. Com

MÁRTIRES DA IGREJA PRIMITIVA

a maior preocupação em obras de assistência, só os pobres e os membros do clero passaram a participar da ceia; posteriormente a prática caiu em desuso.[17] Consciente de que as práticas cristãs objetivavam a partilha e a demonstração de amor uns aos outros, Tertuliano, inconformado com a discriminação sofrida pelos cristãos, afirmou:

Censurai-nos porque nos amamos reciprocamente, ao passo que vós, vos odiais, porque estamos prontos a morrer uns pelos outros e vós prontos para vos estrangulardes; porque a nossa fraternidade se estende até à comunhão dos bens, ao passo que esses bens são exatamente aquilo que quebra todos os laços de fraternidade entre vós; porque temos todas as coisas em comum, exceto as mulheres, e vós só a elas tendes em comum.[18]

Apesar de todas as apologias cristãs, os pagãos achavam inadmissível que se abandonasse a religião e os deuses romanos para crer em um judeu crucificado. Homens letrados, cultos, pertencentes às classes mais altas de Roma consideravam inconcebível que os recrutados entre as classes mais baixas, sem educação nem cultura, quisessem resolver os problemas transcendentais sobre os quais dissertavam há tanto tempo sem chegar a uma palavra final. Para esses, a presunção dos cristãos era insuportável.

Defesa de Orígenes

Entre eles encontrava-se o filósofo romano Celso, homem culto, porém ferrenho acusador dos cristãos, que escreveu por volta do ano 178 o *Discurso contra os cristãos*. Sua obra procurava demonstrar que os cristãos estavam errados ao se negarem a praticar a religião romana.

Celso não se conformava com a credulidade que atribuía aos cristãos. Segundo ele, não examinavam nada, criam apenas porque a fé os salvaria e diziam que a sabedoria desta vida era um mal e a loucura, um bem. O filósofo contestava também a divindade de Cristo:

> O corpo de um Deus não poderia ser feito como o teu; o corpo de um Deus não seria formado e procriado como o teu o foi; o corpo de um Deus não se alimenta como te alimentaste; o corpo de um Deus não se serve de uma voz como a tua, nem dos meios de persuasão que empregaste: "O sangue que correu do teu corpo acaso se parece ao que corre nas veias dos deuses?". Que Deus, que filho de Deus, aquele que seu pai não pôde salvar do mais infame suplício e que não pôde ele próprio preservar-se?[19]

Na defesa de Cristo e dos cristãos, Orígenes escreveu, de 246 a 249, sua obra *Contra Celso*, em oito livros que refutaram os quatro de Celso, dos quais só se tem registro nos trechos citados pelo pai da Igreja. O teólogo cristão, mesmo entendendo que Cristo não precisava de defesa, fez a apologia atendendo ao pedido de Ambrósio, um alexandrino rico que era seu provedor e lhe enviara a obra de Celso, com o pedido expresso de refutá-la:

> Jesus, atacado e caluniado, guarda silêncio. Ainda hoje é caluniado e atacado, e se defende simplesmente pela vida e pela conduta de seus verdadeiros discípulos, o que é a melhor maneira de confundir seus acusadores. É preciso lamentar aqueles cuja fé poderia ser abalada pelos discursos de Celso ou de outros semelhantes, fé que não seria suficiente para se defender e se fortalecer do Espírito Santo do Cristo que habita dentro de nós.[20]

Luciano de Samótasa, outro crítico, considerava-os dignos de pena, e declarou: "Esses desgraçados acreditam-se imortais e imaginam que viverão eternamente, desprezando por isso os suplícios e entregando-se voluntariamente à morte. São mais tolos do que patifes, mais otários do que trapaceiros. Entre os loucos que povoam o mundo, eles não são, certamente, os mais nocivos".[21] Segundo o filósofo Celso, nada havia de instruído, sábio, prudente entre aqueles que seguiam o novo caminho. Ele os chamava de "ralé das gentes", que manifestavam claramente que não queriam nem podiam persuadir outros além de néscios, plebeus, estúpidos, escravos, mulheres e crianças. Ele reforçava que só eram convidados os pecadores, ignorantes e canalhas:

> Quem for pecador, quem não tiver inteligência, quem for fraco de espírito, numa palavra quem for miserável, que se aproxime, o Reino de Deus lhe pertence. Ora, ao dizer-se um pecador, que se deve entender senão o homem injusto, o salteador, o arrombador de portas, o envenenador, o sacrílego, o violador de túmulos? Além desses, que outros pensaria um chefe de ladrões recrutar para a sua tropa?[22]

Contudo, não houve melhor defesa do que a vida íntegra dos cristãos e dos milhares de mártires que não negaram sua fé cristã, entre os quais estavam as mulheres: iguais aos olhos de Deus e com menos obstáculos à conversão. Nos primeiros séculos, elas foram mais numerosas do que os varões, pois não era difícil conciliar sua condição social à sua fé e não se importavam de se abster dos cultos idolátricos e espetáculos indecentes.

A PERSEGUIÇÃO SOB MARCO AURÉLIO (161-180)

Após o governo de Nero, o imperador Marco Aurélio (161-180) foi um dos mais ferozes perseguidores dos cristãos. Ele era um estoico[23] de espírito culto e se diferenciou de seus antecessores. Gostava do estudo, da escrita, e sua obra *Meditações* tornou-se importante à época. Contudo, em relação ao martírio, admirava aqueles que estavam dispostos a abandonar o corpo quando

MÁRTIRES CRISTÃS

necessário; achava, contudo, que isso deveria ser feito a partir da razão, "e não da teimosia, como no caso dos cristãos".[24] Marco Aurélio louvava o uso da razão, mas era supersticioso; cada passo que dava era direcionado por seus adivinhos, e os sacerdotes ofereciam sacrifícios por seus bons êxitos. Seu governo foi repleto de calamidades: inundações, epidemias, invasões; tudo isso foi considerado culpa dos cristãos.

Na cruel perseguição movida por ele, as cristãs intrépidas deram belos testemunhos quando presas e executadas. Elas arrumavam-se para enfrentar a morte e criam que aquele dia seria o mais feliz de suas vidas, pois seria o início da vida eterna. Essas mulheres portavam uma grande fé em um Salvador que ressuscitou e concedia paz e alegria na hora da morte.

Blandina: Uma pequena escrava, frágil e desprezada, que foi cingida com a coroa da incorruptibilidade[25]

Ela encontrou na confissão do nome de Cristo a insensibilidade à dor, e deixou de sofrer todas as vezes que pronunciava estas palavras: Eu sou cristã: não, não, nenhum crime é cometido entre nós![26]

Blandina, por outro lado, foi pendurada num madeiro e ficou exposta às feras, que se lançavam sobre ela. Apenas vê-la pendendo em forma de cruz e com sua oração contínua infundia muito ânimo aos outros combatentes, que nesse combate viam com seus olhos corpóreos, através de sua irmã, aquele que por eles próprios havia sido crucificado, e assim persuadia aos que creem nele de que todo aquele que padece pela glória de Cristo entra em comunhão perpétua com o Deus vivo.[27]

Em 177, sob Marco Aurélio, em Lyon e Viena, na Gália, ocorreu uma perseguição que foi uma das páginas mais tristes e ao mesmo tempo mais inspirativas da história do cristianismo primitivo, quando uns cinquenta cristãos foram martirizados, sem, contudo, negarem sua fé.

Marco Aurélio dispôs em seu edito que os que renegassem a fé cristã seriam absolvidos, enquanto os outros seriam condenados. Com a chegada de grande festa local, o governador levou os cristãos novamente ao tribunal, como forma de teatro e de espetáculo para a multidão. Aos cidadãos romanos que não renegavam a fé mandava decapitar e os demais eram mandados às feras.

Diante da suspeita de canibalismo, a fúria da multidão, do governador e dos soldados recaiu sobre: o diácono Santos, de Viena, diácono de Lyon; Maturo, recém-batizado; Pontico, da idade de 15 anos, e Atalo, um notável romano de Pérgamo.

Com eles estava também Blandina, uma jovem escrava, forçada a confessar os crimes dos cristãos. Sua senhora, também aprisionada, temia por ela, considerando-a fraca de corpo e de espírito. Mas, pelo contrário, ela se mostrou muito forte; quando interrogada, confirmou que era cristã e que não sabia de nenhum ato errado praticado por seus irmãos na fé.

Blandina viu-se cheia de uma força tão grande, que extenuava e esgotava aqueles que, em turnos e de todas as maneiras, torturavam-na desde o amanhecer até o ocaso; eles mesmos confessavam que estavam vencidos, sem nada poder fazer com ela, e se admiravam de como podia manter-se com alento estando todo seu corpo dilacerado e aberto, e atestavam que um só tipo de suplício bastaria para tirar a vida, sem necessidade de tantos e tão terríveis.[28]

Sem obter qualquer informação da boca dela, conduziram-na às feras, com Átalo, Maturo e Santos, em local público, onde os cristãos substituíam os gladiadores, servindo de espetáculo aos pagãos. Maturo e Santos foram chicoteados, jogados às feras e colocados em cadeiras de ferro, tendo seus corpos assados. Mas

MÁRTIRES CRISTÃS

nem assim foram vencidos. Santos só repetia a mesma frase, afirmando que era cristão. Finalmente, foram sacrificados. Quanto à Blandina:

> Você teria visto ali uma jovem de apenas vinte anos, que, livre de amarras com os braços em cruz, orava com paz inalterável, sem se mexer, esperando o urso e o leopardo que, a princípio, pareciam respirar ferozmente, mas então recuaram, como se uma força misteriosa os retirasse. Foi assim que tudo aconteceu, como estou contando. Você teria visto outros, já que éramos cinco, expostos a um touro bravo. Ele já havia lançado ao ar vários pagãos, retirados sem vida; mas, quando ia se lançar contra os mártires, estes eram como que empurrados por uma mão divina. Depois dessas feras, outras foram lançadas. No final, os mártires, ambos ilesos, foram decapitados e lançados ao mar.[29]

Como as feras não tocavam Blandina, ela foi retirada e levada ao cárcere, sendo guardada para outro combate, assim como Átalo, cidadão romano, que esperava a resposta do imperador a respeito do que seria feito com ele.

Átalo foi lançado novamente às feras, por decisão do governador, que queria agradar à plebe. Quando foi posto sobre a cadeira de ferro e começou a queimar, dirigiu-se à multidão e falou: "Estais vendo! Isto é comer homens, o que estais fazendo. Nós, por outro lado, nem comemos homens, nem fazemos nada de mau".[30]

No último dia de luta dos gladiadores, levaram novamente Blandina com Pôntico, um rapaz de 15 anos. Obrigados a jurar pelos ídolos, permaneceram firmes e até os menosprezaram. Foram, então, entregues a todo tipo de torturas para que renegassem a fé, mas não o fizeram. A jovem confortava o rapaz, que, depois de sofrer muitos tormentos, foi o primeiro a morrer.

A serva foi então atacada por uma fera selvagem e colocada desnuda em uma rede, para não se esquivar das investidas ferozes.

36

Porém, como se fosse convidada a um banquete de bodas e não à sua própria execução, resistiu, até que um touro a lançou para o alto e a matou. Apesar de triste, a história é sublime. Uma carta aos cristãos da Ásia e da Frígia, de onde provinham vários mártires, descreveu o curso da perseguição, com vexações, caçadas, julgamentos, confissões de escravos pagãos contra seus mestres cristãos conseguidas sob torturas, busca sistemática e prisão de muitos crentes.[31]

O comportamento tranquilo daqueles fiéis, que consideravam o martírio uma forma de lavar as vestes no sangue do cordeiro Jesus, também foi narrado como um legado de motivação. As igrejas que foram batizadas com sangue amavam seus mártires e escreveram para compartilhar sua memória e o martírio que autenticou a fé cristã.

A PERSEGUIÇÃO SOB SÉTIMO SEVERO (193-211)

No início do século 3, reinava em Roma o imperador Sétimo Severo, que pôs fim às lutas internas, mas enfrentava a ameaça da invasão dos bárbaros. Ele colocou em prática uma política religiosa sincretista de adoração ao "Sol *Invictus*", para a qual convergiam todas as filosofias e religiões da época. A isso se opuseram fortemente os judeus e os cristãos. O imperador, então, proibiu a conversão a essas religiões e aumentou a perseguição contra os novos convertidos e seus mestres.[32]

Entre os catecúmenos (novos convertidos) presos estavam duas mulheres: Perpétua, nobre romana com um filho recém-nascido, e a escrava Felicidade, que estava grávida.

Perpétua e Felicidade

Perpétua foi uma nobre senhora que amamentou seu filho na prisão (?-203): "Não posso ser outra coisa que o que sou, isto é,

MÁRTIRES CRISTÃS

cristã!". Já Felicidade foi uma jovem escrava que teve sua filha na
prisão (?-203): "O que sofro agora é fruto da natureza, mas, quando for atacada pelas feras, não estarei sofrendo sozinha: Cristo
sofrerá por mim!"[33]

> Os mártires se levantaram de maneira espontânea e foram para
> o lugar onde o povo os desejava. Antes, porém, beijaram-se uns
> aos outros e com isso consumaram seu martírio com o beijo da
> paz. Todos eles permaneceram completamente imóveis e cada
> um recebeu em silêncio o golpe da espada.[34]

No início do século 3, Cartago, atual Tunísia, na África do
Norte, era uma metrópole próspera, cujo tamanho e esplendor
perdiam apenas para Roma em seu apogeu.

Por volta do ano 203, lá foram presos cinco catecúmenos, cristãos ainda não batizados, que estavam sendo instruídos na doutrina
cristã: Perpétua, dois escravos (Felicidade e Revocato) e outros dois
jovens, Saturnino e Secúndulo. O que complicava a situação deles
não era somente serem cristãos, mas terem se convertido na vigên-
cia do edito imperial, em fragrante desobediência às ordens reais.

O imperador Sétimo Severo instigou a perseguição para promover o culto do deus egípcio Serápis,[35] publicando um edito que
proibia a conversão ao cristianismo e ao judaísmo. Contudo, os
atos do governador local foram mais determinantes do que os do
imperador distante.

A líder daquele grupo era Víbia Perpétua, uma jovem casada
e mãe pertencente a uma boa família provinciana, possuidora de
dons do Espírito Santo. Com seus sonhos e visões, ela encorajava seus irmãos; o relato de seus sentimentos cativava pelo vigor e
autoridade. Perpétua foi uma das poucas mulheres daquele tempo
que deixou registros para a posteridade, narrando suas visões e
legando um documento raro e importante sobre a voz feminina.

Como uma aristocrata que sabia ler e escrever, e com profunda devoção a Cristo, seu diário foi muito estimado e copiado incontáveis vezes até chegar aos nossos dias. O texto latino foi preservado na íntegra em nove manuscritos medievais:

Ao lado dessas mulheres silenciosas, uma mulher parece produzir um escrito, uma voz rara. Fragmento de autobiografia centrado no essencial — a última confissão de fé na "resistência da carne" —, o texto afirma, desde a primeira conversa de Perpétua com seu pai até a comparência perante o procurador Hilariano, uma definição de si unicamente em termos de "eu sou cristã".[36]

A nobre romana é sempre mencionada pelos escribas antigos associada à sua escrava grávida. Ambas foram apreciadas pela profundidade de sua fé, e sua comunidade as amou de tal forma que seus feitos tiveram de ser registrados.

Trecho do relato de Perpétua sobre seu tempo na prisão

Estávamos ainda com nossos perseguidores, quando veio o meu pai fazer novos esforços para assustar-me e para fazer-me mudar de resolução.

— Meu pai — lhe disse —, vês este vaso de argila que está aqui?

— Sim — ele disse. — Eu o vejo.

— Pode-se — continuei — dar-lhe outro nome que não o que tem?

— Não — respondeu-me.

— Pois a mesma coisa acontece comigo — repliquei. — Não posso ser outra coisa que o que sou, isto é, cristã!

Ao dizer isso, meu pai se atirou a mim como para me arrancar os olhos. Mas contentou-se somente em me maltratar; e se retirou, confuso de não haver podido vencer minha constância com todos os artifícios do demônio, de que se valeu para enganar-me. Dei graças a Deus por não voltar a vê-lo durante alguns dias, e sua ausência me permitiu desfrutar de um pouco de repouso. Nesse pequeno intervalo fui batizada; e o Espírito Santo me inspirou a não pedir outra coisa senão a paciência nos tormentos.

Pouco tempo depois me levaram ao calabouço. O horror e a escuridão do lugar me surpreenderam inicialmente, porque eu não sabia como eram as prisões. Quão comprido foi aquele dia, e quanto padeci nele! Que calor terrível! Estávamos muito apertados na cela. Além disso, havia soldados que vinham extorquir-nos o nosso dinheiro. Enfim, o que me causava extrema dor era que eu não estava com meu filho. Porém, Tércio e Pompônio, dois diáconos caridosos, conseguiram, com dinheiro, que nos colocassem em um lugar mais amplo, onde começamos a respirar um pouco. Cada um cuidava do que queria; quanto a mim, me pus a amamentar meu filho, que me levaram enfraquecido, por ter estado muito tempo sem tomar o peito. Mesmo inquieta por causa dele, não deixava de consolar minha mãe e meu irmão, sobretudo suplicando-lhes que cuidassem do meu filho. Tocava-me vê-los tão aflitos por amor de mim. Senti-me afligida por muitos dias, porém, havendo conseguido que me deixassem meu filho, comecei rapidamente a me sentir consolada, e a prisão tornou-se de repente para mim como uma habitação agradável, e não me importava viver ali ou em qualquer outra parte.[37]

O irmão de Perpétua, que ainda não fora batizado, pôde visitá-la; acreditando na comunhão dela com Deus, recomendou-lhe que pedisse a ele uma visão na qual lhe fosse revelado se ela morreria ou viveria. Confiante nos sinais de bondade que já obtivera do Senhor, a destemida cristã respondeu que no dia seguinte já saberia o que lhe iria acontecer.

No sonho, ela viu uma escada dourada muito alta que ia da terra ao céu, mas tão estreita, que só podia subir uma pessoa de cada vez. De cada lado havia ganchos, adagas, punhais e lanças, de maneira que ninguém podia subir descuidadamente, porque seria despedaçado pelos instrumentos. Embaixo da escada estava um dragão gigante apavorando os que subiam. Saturo, seu mestre na fé, que não havia sido preso com os outros, mas voluntariamente se fizera prisioneiro para compartilhar o mesmo destino de seus discípulos, subiu antes dela e a encorajava. Alcançando o topo, ela viu um lindo jardim no qual estava um homem alto de cabelos brancos, vestido de pastor, ordenhando uma ovelha, e à sua volta milhares de pessoas vestidas de branco. O homem lhe falou: "É bom que tenhas vindo, minha filha". E lhe deu queijo para comer. Ao fazê-lo, todos disseram "Amém!". Então, ela acordou ciente de que comera algo doce. Perpétua relatou a visão ao seu irmão e ambos compreenderam que se aproximava a hora de seu martírio.[38]

A partir de então, Perpétua desprendeu-se das coisas terrenas, colocando todo seu pensamento na eternidade. Alguns dias depois recebeu novamente a visita de seu pai. Com a dor estampada no rosto, beijando-lhe as mãos e ajoelhando-se aos pés dela, chorando e chamando-a de "senhora", suplicava que se retratasse. Perpétua, compadecida, procurou consolá-lo da melhor maneira possível:

— Meu pai, não se aflija — falou ela. — Só acontecerá o que for da vontade de Deus, nós não dependemos de nós mesmos, senão de sua vontade.

Seu pai retirou-se, então, profundamente triste e abatido. E voltou no dia de seu interrogatório no tribunal perante o juiz, levando com ele o netinho. Apartando-a da frente do tribunal, instou com ela:

— Serás tu, me diga, tão insensível às desgraças que ameaçam a esta inocente criatura, a quem deste a vida?

O procônsul Hilario, juntando sua voz à do pai dela, perguntou-lhe:

— É possível que os cabelos brancos de teu pai, que vais tornar miserável, e a inocência deste filho, que vais deixar órfão

MÁRTIRES CRISTÃS

com tua morte, não são capazes de comover-te? Sacrifica somente pela saúde dos imperadores.

Ao que ela respondeu:

— Não sacrificarei.

O juiz, então, pronunciou a sentença pela qual todos foram condenados às feras.[39]

O inspetor da prisão estimava os prisioneiros e deixava entrar livremente os irmãos que vinham vê-los — ou para consolá-los, ou para serem consolados. Novamente o pai de Perpétua foi visitá-la, cheio de tristeza, arrancando a barba, atirando-se ao chão, gritando e lançando maldições ao dia em que ela havia nascido. Também dizia coisas tão tristes e ternas, que fazia com que os que o ouviam chorassem. Sua filha sofria muito ao vê-lo naquele estado lastimoso.

O pai de Perpétua causou tanto tumulto, que o espancaram, mas, mesmo sofrendo com isso, ela permaneceu firme, e o juiz condenou todos às feras. Os cristãos retornaram felizes à prisão; a jovem mãe, que amamentara o filho, alegrava-se porque o pequeno não precisava mais de seu leite. Desse modo, ficou com o espírito livre e sem nenhuma inquietude.[40]

Na véspera de seu martírio, Perpétua teve sua última visão, que lhe revelou o combate, mas também lhe assegurou a vitória. Ela acordou compreendendo que combateria não as feras, mas o inimigo de nossas almas, crendo que sairia vencedora: "[...] no dia do seu grande sofrimento (Perpétua) teve uma revelação ou visão do paraíso que a esperava. Nessa visão do céu, ela viu apenas mártires. Por quê? Porque a espada de fogo que guarda a porta do paraíso só dá entrada àqueles que morrem por Cristo".[41]

A escrava Felicidade, que fora presa com Perpétua, estava grávida de oito meses e acreditava que a gravidez interferiria em seu martírio. Todos os irmãos estavam preocupados com aquela companheira amável e digna. Juntaram-se, pois, em oração a Deus, para que ela desse à luz antes do dia de seu combate, e era também o que as leis romanas aguardavam.

Ao entrar em trabalho de parto prematuro, gemeu alto devido às fortes dores. O carcereiro lhe disse: "Você hoje está atribulada e sente medo. Está gemendo de dor. Como será amanhã ou depois, quando tiver que enfrentar a morte?". Ela respondeu: "Eu agora estou sofrendo, como uma mulher coitada qualquer, o castigo que Deus impôs no sexo feminino devido ao seu pecado. Mas amanhã sofrerei como uma mulher cristã pela fé e pela confissão de Jesus Cristo".[42]

Para ela, os sofrimentos do parto eram só dela, mas, quando enfrentasse as feras, Cristo sofreria por ela, e ela por ele. Felicidade demonstrou que sua fé estava fundamentada no Mestre que não abandona os seus, e Deus a fortaleceu para suportar o martírio com alegria. Sua filha foi adotada por uma irmã na fé.

Finalmente chegou o dia do triunfo dos guerreiros de Cristo. Conduzidos ao anfiteatro, deixavam que a alegria brilhasse em seus olhos e resplandecesse em seus rostos. Perpétua seguia por último; a tranquilidade de sua alma transparecia em seu semblante e em seu modo de andar. Felicidade não podia explicar a alegria que sentia por já ter dado à luz e poder acompanhar seus irmãos no martírio.

Logo que chegaram à porta do anfiteatro, foram obrigados a vestir roupas usadas pelos pagãos em suas cerimônias. Os homens usaram trajes dos sacerdotes de Saturno; as mulheres, as vestes das sacerdotisas de Ceres. Eles retrucaram que não deveriam ser forçados a fazer nada contra sua crença. Então, o tribuno consentiu que comparecessem com suas próprias roupas. Perpétua caminhava cantando; quando chegaram na frente do juiz, falaram-lhe que naquele dia ele era o julgador, mas Deus o julgaria na eternidade.

O povo, irritado com o atrevimento com o procônsul, pediu que fossem açoitados. Eles, porém, alegravam-se de ser açoitados como Cristo havia sido. Depois, foram atirados às feras, que pouco mal lhes fizeram; para atacar Perpétua e Felicidade, soltaram uma vaca.[43]

A vaca arremessou Perpétua primeiro, que caiu sobre o quadril. Sentando-se, ajeitou depressa a túnica no local onde se rasgara, ao lado do corpo, para cobrir as coxas — pois se preocupava mais com a decência do que com a dor. Em seguida procurou o seu grampo e ajeitou os cabelos despenteados. Acreditava que não era adequado morrer com os cabelos soltos, pois em seu momento de triunfo isso lhe daria o aspecto de uma mulher de luto.[44]

Era costume que os que estivessem feridos fossem levados ao meio da praça para ser degolados. Eles assim o fizeram, e ali morreram sem esboçar qualquer reação. Perpétua, porém, padecendo com um gladiador pouco destro e com mão trêmula, viu-se obrigada a levar a espada à própria garganta, indicando o lugar onde deveria ser cortada: "Talvez porque uma mulher tão maravilhosa não podia morrer de outra maneira; e porque o demônio, que a temia, não se atreveria jamais a lhe tirar a vida, se ela mesma não houvesse consentido nisso".[45]

Suas últimas palavras aos irmãos, foram: "Fiquem firmes na fé, amem-se uns aos outros e não deixem que nosso martírio seja uma pedra de tropeço para vocês".[46]

DECLARAÇÃO MAIS MARAVILHOSA: Eu sou cristão! E isso basta! Isso diz tudo, isso dá sentido à vida e à morte. Quando o cristão crê assim, nada mais lhe importa; seu tesouro está nos céus e ele é totalmente desapegado das coisas terrenas, como foi relatado nesses resumos biográficos desses mártires no início do cristianismo.

Temos ouvido testemunhos de mães que não estão dispostas a partir para os céus, pois se preocupam com seus filhos e sua família. Temos respondido que Deus cuida deles melhor do que nós. Perpétua e Felicidade, recém-convertidas, entendiam assim, e, mesmo deixando seus bebês, não se entristeceram ou temeram por eles, pois sabiam em quem criam e onde estava guardado seu maior tesouro. Elas entendiam que o importante era que construíssem para a vida eterna um legado de fidelidade a Cristo, o Rei dos reis. Quão corajosas e destemidas foram! Que seus belos exemplos nos fortaleçam e inspirem a permanecer firmes em Cristo até o final de nossa vida terrena.

Para este evangelho eu fui designado pregador, apóstolo e mestre e, por isso, estou sofrendo estas coisas. Mas não me envergonho, porque sei em quem tenho crido e estou certo de que ele é poderoso para guardar aquilo que me foi confiado até aquele Dia. 2Timóteo 1.11-12 (NAA).

Dídimo troca suas roupas com Teodora, para que ela escape do bordel.[1]

CAPÍTULO 2

MÁRTIRES DA IGREJA PRIMITIVA

JOVENS, VIRGENS E ANCIÃS CONSAGRADAS

Martírio de Teodora e Dídimo.[2]

"

E quanto às mulheres, não menos fortalecidas que os homens pelo ensinamento da doutrina divina, umas suportavam os mesmos combates que os homens e levaram os mesmos prêmios por sua virtude; outras, arrastadas para ser desonradas, preferiam entregar sua alma à morte antes que o corpo à desonra.[3]

"

PORQUE, assim como o precioso metal (o ouro) é purificado e resplandece em Cristo, a beleza do corpo virginal, consagrado pelo fogo do Espírito Divino, resplandece e aumenta. Pode existir uma beleza comparável àquela beleza sobre-humana em que o rei coloca seus amores? Quando posta à prova do fogo, a virgem se entrega ao Senhor, consagra-se ao próprio Deus. Sempre esposa e donzela, porque seu amor não é obscurecido, nem sua modéstia sofre. Esta é a verdadeira beleza para quem não falta nada.[4]

AS ÚLTIMAS E MAIS CRUÉIS PERSEGUIÇÕES

No final do século 3, o Império Romano foi administrado por uma tetrarquia: dois imperadores compartilhavam o título de "augusto": Diocleciano no Oriente e Maximiano no Ocidente, e sob cada um deles havia outro imperador com o título de "césar": Galério sob Diocleciano, e Constâncio Cloro sob Maximiano. Dos quatro, foi Galério quem nutriu maior inimizade pelo cristianismo e quem incitou o imperador Diocleciano contra os cristãos.[5]

Diocleciano (284-305) promulgou os editos de perseguição e término das reuniões cristãs: destruindo igrejas, depondo oficiais, prendendo os que não renegavam a fé e queimando as Escrituras. Ele e seu vice, Galério (292-311), com a convicção de que o cristianismo estava rompendo a aliança de Roma com seus deuses, o que prejudicava o Império, promoveram a última, maior e mais cruel perseguição contra a Igreja Primitiva.

Este era o ano dezenove do império de Diocleciano e o mês de Distro — entre os romanos se diria o de março —, quando, estando próxima a festa da Paixão do Salvador, por todas as partes estenderam-se editos imperiais mandando arrasar até o solo as igrejas e fazer desaparecer pelo fogo as Escrituras, e proclamando privados de honras aqueles que delas desfrutavam e de liberdade os particulares se permanecessem fiéis em sua profissão de cristianismo.[6]

Com destruição de igrejas, confisco dos livros sagrados, prisão dos líderes cristãos e obrigatoriedade de oferecer sacrifícios aos deuses pagãos ou aos imperadores, muitos cristãos sofreram, foram martirizados ou apostataram da fé.

Em relação ao papel feminino religioso, durante os séculos 2 e 3, a virgindade era considerada muito digna e nobre, de forma que se tornou difícil, até mesmo para o escritor do Tratado das Virgens, Ambrósio, explicá-la como gostaria. Parecia-lhe que essa virtude era recebida como um dom; ele enxergava as virgens: "embelezadas com as sagradas auréolas dos mártires, conquistadas na existência religiosa?".[7]

Vossa beleza não é como a do corpo que murcha com os anos, corrompe o pesar e destrói a morte, mas de natureza mais nobre e por isso vence a luta, sendo o próprio Senhor o juiz da peleja, que descobre, através de corpos feios, almas bonitas. Sem angústia ou peso de gravidez, sem dores de parto, vós sois mãe de uma infinita descendência de pensamentos santos, seus verdadeiros filhos, argumentos vivos de fertilidade espiritual e de uma coroa resplandecente, que ilumina sua testa, infundindo alegria em vosso coração, sem medo de que a morte a tire de vós.[8]

Como praticantes de uma religião ilícita, as cristãs suportaram os abusos associados à sua condição de mulher. A lei não permitia que se violasse uma virgem, e o imperador Antonino Pio decretara que era proibido torturar as meninas de menos de 14 anos.

Porém, com a perseguição, tudo mudou, e as jovens mártires eram obrigadas com frequência a escolher entre abjurar da fé ou ser enviadas a prostíbulos.[9] Diocleciano, levando a perseguição a todos os lugares do Império, desprezou os direitos das virgens, decretando que podiam ser violadas impunemente. Porém, considerando a desonra mais temível que a morte, um bom número delas preferiu tirar a vida a serem ultrajadas.

O historiador Eusébio de Cesária escreveu sobre uma nobre dama romana, esposa de prefeito, a quem o tirano Maxêncio[10] quis violar e que, pedindo licença para se adornar, atravessou-se com uma espada. Ele relatou também sobre uma dama virtuosa de Antioquia:

(Certa pessoa, ainda que mulher)

3. E certa pessoa, santa e admirável pela virtude de sua alma, ainda que mulher por seu corpo, e famosa ainda entre todas as de Antioquia, por sua riqueza, sua linhagem e seu bom nome, havia criado suas filhas nas leis da religião, um par de virgens notáveis pela beleza de seu corpo e em plena juventude. Moveu-se contra elas muita inveja que por todos os meios se esforçava em descobrir seu esconderijo. Ao inteirar-se de que estavam em terra estrangeira, arranjou-se astutamente chamá-las a Antioquia, e assim caíram nas redes dos soldados. Vendo-se a si mesma e as filhas em tal apuro, a mãe falou-lhe e lhes expôs os horrores que lhes viriam dos homens, inclusive o mais terrível e insuportável de todos, a ameaça de violação, exortando-se a si mesma e exortando as filhas a não tolerar nem sequer que chegassem a roçar-lhes os ouvidos. Dizia-lhes também que entregar suas almas à escravidão dos demônios era pior do que todas as mortes e que toda ruína e lhes sugeria que a única solução de tudo isto era a fuga para o Senhor.

MÁRTIRES CRISTÃS

4. Então, estando de acordo as três, arranjaram decentemen-
te seus vestidos em torno de seus corpos e, chegadas ao meio do
caminho, pediram aos guardas permissão para afastarem-se um
momento, e se lançaram ao rio que corria ali ao lado.

17. Efetivamente, assim que soube (também ela era cristã) que
estavam em sua casa os que serviam ao tirano em tais empreita-
das, e que seu marido, ainda que prefeito dos romanos, por medo
havia permitido que a levassem com ele, pediu permissão por um
momento com o pretexto de arrumar-se, e, entrando em seu quar-
to, sozinha, ela mesma cravou-se uma espada e morreu instanta-
neamente. Aos que a levariam deixou seu cadáver, mas a todos os
homens presentes e futuros mostrou com suas ótimas obras, mais
sonoras que qualquer voz, que a única coisa invencível e indestru-
tível é a virtude dos cristãos.[11]

Como pode ser solucionado esse problema complexo de
defender a castidade optando pelo suicídio? Sobre fatos ocorridos na Igreja Primitiva, é interessante citar a opinião de um
pai da Igreja.

Agostinho observou essa luta e afirmou que é difícil emitir
um juízo precipitado, ignorando a autoridade divina. Ele indagava: "E o que sabemos se elas tomaram essa decisão não por erro
humano, mas por mandato divino, sendo, portanto, não mais alu-
cinadas, mas obedientes".[12]

Ele prossegue em sua ponderação citando Sansão e pergun-
tando se alguém chamou delito à sua obediência. E sobre Abraão
que, quando se dispôs a sacrificar seu filho, obedecia à ordem de
Deus; portanto, a condição ideal é de total certeza da origem
divina da ordem.

Finalmente, a perseguição amainou quando Galério pressio-
nou Diocleciano a renunciar, o que ocorreu em 305, sucedendo-o
e tornando-se augusto, com Constâncio. Após muitas lutas

tentando conservar sua posição, adoeceu mortalmente,[13] em 310, e faleceu após assinar um edito que garantia tolerância para com a Igreja.

Edito de tolerância de 311

Entre outras providências para promover o bem duradouro da comunidade, temo-nos empenhado em restaurar o funcionamento das instituições e da ordem social do Estado. Foi nosso especial desejo que retornem ao correto os cristãos que abandonaram a religião de seus pais. Após a publicação de nosso edito ordenando o retorno dos cristãos às instituições tradicionais, muitos deles foram constrangidos a decidir-se mediante o medo, enquanto outros passaram a viver numa atmosfera de perigos e intranquilidade. Considerando, porém, que muitos persistem em suas opiniões e, hoje, não reverenciam os deuses nem veneram seu próprio deus, nós, usando da nossa habitual clemência em perdoar a todos, temos por bem indultar a esses homens, outorgando-lhes o direito de existir novamente e de reconstruir seus templos, com a ressalva de que não ofendam a ordem pública. Seguirá uma instrução explicando aos magistrados como se devem portar nesta matéria. Em contrapartida a esta nossa indulgência, os cristãos obrigar-se-ão a orar a seu deus por nosso restabelecimento, em benefício do bem geral e do seu bem-estar em particular, de modo que o Estado seja preservado do perigo e eles mesmos vivam a salvo no seu lar.

(Emanado de Galério, agonizante em seu leito de morte, após anos de severa perseguição, leva os nomes de Constantino e Licínio. Maximino Daza, governador do Egito e da Síria, negou-se a assinar.)[14]

Essas palavras de Galério, que faleceu cinco dias após assinar o edito, demonstram sua insegurança espiritual, pois, mesmo

MÁRTIRES CRISTÃS

considerando o cristianismo uma religião incorreta, condiciona a tolerância aos cristãos às preces por sua recuperação, o que prova que, na proximidade da morte, uma fé firme faz muita falta.

Maura (Mora) de Tebaída (?-286): a recém-casada que foi crucificada com o esposo[15]

> "Que ninguém me defenda. Eu tenho um
> defensor, Deus, em quem confio."[16]

"Se um pai que ama seus filhos e obedece à lei natural não entrega à morte seus filhos carnais, como posso entregar meus filhos espirituais, os livros sagrados, em suas mãos poluídas?" Arian, o governador, ficou perplexo com tal resposta. "Você vê, não vê, os instrumentos preparados para tortura?" Timóteo não se comoveu: "Mas você não vê os anjos de Deus, que me fortalecem?".[17]

Maura e seu esposo, Timóteo, diácono de Mauritânia, foram martirizados durante a perseguição sob o imperador Diocleciano (204-305). Timóteo era natural da aldeia de *Panapeis*, região da Tebaida, no Egito. Ele era filho de um sacerdote chamado Pikolpossos; posteriormente, tornou-se um leitor da igreja, um guardião e copista de livros sagrados.

Timóteo foi denunciado como possuidor de obras cristãs que o imperador ordenara que fossem confiscadas e queimadas. Seus denunciadores o levaram perante o governador de Tebas, Ariano, que lhe exigiu a entrega dos livros sagrados. Diante de sua recusa, o governador, completamente irado, ordenou que lhe arrancassem os olhos com um ferro em brasa, dizendo: "Pelo menos os livros não terão mais utilidade para você, pois não será capaz de lê-los".[18]

MÁRTIRES DA IGREJA PRIMITIVA

Submeteram-no a torturas horríveis: pendurando-o de cabeça para baixo, com um peso em seu pescoço e mordaça em sua boca. Timóteo suportou bravamente a dor e deu graças a Deus por permitir que sofresse por ele.

O sofrimento dele foi tão extremo, que mesmo aqueles que o torturaram imploraram ao governador para aliviar a tortura. Ao ser informado de que Timóteo tinha uma jovem esposa chamada Maura, com quem havia se casado apenas vinte dias antes, o governador Ariano ordenou que fossem buscá-la para forçá-lo a se submeter.

Ele apelou para as esperanças e os sonhos de Maura: Ela não gostaria de desfrutar da vida que lhe foi prometida? Não queria constituir família com o marido, envelhecer com ele? Tudo o que Timóteo tinha que fazer era entregar as Escrituras, e seria liberto para viver em paz até uma velhice feliz. Maura ouviu atentamente e pediu para falar com o marido.

Quando foi levada até o esposo, ela lhe explicou a oferta do governador. Os relatos, nesse ponto, são diferentes. Uns afirmam que Maura permaneceu firme em sua fé: "Mas eu, de minha parte, nunca mais falarei contigo se você negar a Cristo". Outros declaram que, ao ver o sofrimento de Timóteo, implorou para que ele apostatasse, mas o marido não se comoveu: "— Como é possível, ó Maura, que, sendo tu mesma cristã, em vez de me animares a morrer pela fé, me tentas a abandoná-la; e, dessa forma, para obter aqui uma existência curta e miserável, expor-me às intermináveis dores do inferno? É este, então, o teu amor?".[19]

Timóteo exortou sua mulher a não temer as torturas, mas a seguir seu exemplo, e Maura respondeu-lhe, arrependida, que estava preparada para morrer com ele, confessando corajosamente que era cristã.

Ariano ordenou, então, que o cabelo dela fosse arrancado e que cortassem os dedos de suas mãos. Maura suportou o tormento com alegria e até agradeceu ao governador tudo pelo que passou. Então, ele deu ordens para que a jogassem em um caldeirão fervente, e conta-se que ela não sentiu nenhuma dor e permaneceu ilesa.

Suspeitando que os servos tivessem enchido o caldeirão com água fria por compaixão, ordenou que ela jogasse em sua mão a água do caldeirão. Quando ela lhe obedeceu, Ariano gritou de dor e ficou com a mão escaldada. Então, admitindo momentaneamente o poder do milagre, ele confessou o Deus em quem Maura acreditava como o Deus Verdadeiro, e mandou que ela fosse liberta.

Logo, porém, voltou atrás e ordenou novamente à jovem esposa que oferecesse sacrifício aos deuses pagãos. Não conseguindo a submissão dela, o governador, tomado de uma grande ira, enviou-a novamente à tortura.

As pessoas presentes, bastante incomodadas, murmuravam e exigiam o fim do abuso àquela mulher inocente. Mas Maura, voltando-se para o povo, disse: "Que ninguém me defenda. Eu tenho um defensor, Deus, em quem confio".[20]

Finalmente, depois de torturá-los por muito tempo, o governador determinou que os mártires fossem pendurados em cruzes, um de frente para o outro. Por dez dias, oraram juntos, cantaram hinos e encorajaram um ao outro enquanto sofriam por Cristo. Quando um era fraco, o outro o fortalecia, lembrando o que Cristo sofreu e a promessa de vida futura.

Por fim, morreram como mártires gloriosos e foram acolhidos nos braços de Cristo. O testemunho de sua coragem e alegria inspirou seu torturador, Ariano de Alexandria, que também se tornou cristão e logo foi martirizado.

Eulália de Lusitânia (290?-302): a adolescente mártir que derrubou os altares dos deuses pagãos[21]

"Eis, Senhor Jesus Cristo! Teu nome está escrito em meu corpo; que grande prazer me dá ler estas cartas, porque são sinais da tua vitória! Eis que meu sangue carmesim confessa teu santo nome."[22]

Eulália vivia na Lusitânia, em Emerita, posteriormente denominada Mérida ou Medina del Rio Sacco, no extremo norte da Espanha,[23] sob o imperador Maximiano e o procônsul Daciano. Ela era uma donzela cristã, de não mais de 12 ou 13 anos, que estava cheia de desejo e ardor de morrer pelo nome de Cristo.

Seus pais tiveram que levá-la para fora da cidade de Mérida e confiná-la em um lugar distante. Mas esse local não pôde aquietá-la nem detê-la por muito tempo. Ela fugiu certa noite e, bem cedo no dia seguinte, compareceu ao tribunal dizendo ao juiz e a toda a magistratura:

> Vocês não têm vergonha de lançar suas próprias almas e as dos outros de uma só vez na perdição eterna negando o único Deus verdadeiro, o Pai de todos nós e o Criador de todas as coisas? Ó homens miseráveis! Vocês procuram os cristãos para matá-los? Eis aqui um adversário de seus sacrifícios satânicos. Confesso de coração e boca somente a Deus.[24]

O juiz encheu-se de raiva e chamou o carrasco, ordenando-lhe que a levasse rapidamente, a despisse e lhe infligisse vários castigos, para que ela sentisse os deuses através do castigo e soubesse o quanto seria difícil desprezar o comando do imperador Maximiano.

Mas, antes que as coisas prosseguissem, ele se dirigiu a ela com palavras suaves:

MÁRTIRES CRISTÃS

Com que prazer eu te pouparia! Oh, que tu possas renunciar antes de tua morte às tuas visões perversas da religião cristã. Reflete que grande alegria te espera no honroso estado de matrimônio. Eis que todos os teus amigos choram por ti, e os teus parentes aflitos e bem-nascidos suspiram por ti, que vais morrer na tenra flor da tua juventude. Vê, os servos estão prontos para te torturar até a morte com todos os tipos de tormentos; pois ou serás decapitada à espada, ou dilacerada pelas feras, ou chamuscada com tochas, que te farão uivar e gemer, porque não poderás suportar a dor; ou, por último, serás queimada com fogo. Tu podes escapar de todas essas torturas facilmente, se pegares apenas alguns grãos de sal e incenso nas pontas dos dedos e sacrificar. Filha, concorda com isso, e assim tu escaparás de todas essas punições severas.[25]

Eulália achou que não valia a pena responder às palavras suplicantes ou ameaçadoras do juiz; apenas se afastou dele e derrubou as imagens, o altar, o livro de sacrifícios etc.

Imediatamente dois carrascos se apresentaram e rasgaram seus membros tenros; com ganchos ou garras cortantes, abriram seus flancos até as costelas. Contando os cortes em seu corpo, ela os comparou às chagas de Cristo.

A menina valente, com um semblante destemido e feliz, não demonstrou o menor sinal de angústia, embora o sangue fluísse como uma fonte de seu corpo. Depois que ela foi perfurada até as costelas com pinças, eles aplicaram lâmpadas e tochas acesas nas feridas nas laterais e no abdômen.

Finalmente, o cabelo de sua cabeça foi inflamado pela chama; quando a fumaça alcançou sua boca, a sufocou. Esse foi o fim dessa heroína, jovem em anos, mas experiente em Cristo, que amava a doutrina de seu Salvador mais do que sua própria vida.

Teodora de Alexandria (?-304): a virgem que triunfou sobre seus perseguidores[26]

"Ainda que os homens violem o meu corpo, contra a minha vontade, permanecerei casta aos olhos de Deus."[27]

Cruéis batalhas (Teodora) teve que enfrentar contra os implacáveis adversários de sua virtude empenhados por todos os meios em despojá-la da virgindade e da fé; porém saiu vitoriosa, porque defendeu energicamente seus valiosos tesouros, à custa da vida, de menor valor para ela. Esperou o dia de sua coroação e, chegando este, entrou com coração forte na luta dupla, e, firme como rocha invencível, tendo seu rosto brilhando com o recato do pudor e em suas bochechas o batom da vergonha, desafiou o sofrimento, ofereceu-se ao verdugo e logrou triunfo glorioso de seus perseguidores que não esperavam tanta valentia na alma da mulher.[28]

As mulheres foram representadas nos discursos episcopais do século 4, pois virgens e viúvas consagradas tornaram-se um componente fundamental do corpo místico da Igreja. O ascetismo era difundido e elogiado e se tornou, na Antiguidade Tardia, um meio pelo qual as mulheres devotas, mesmo à margem dos ofícios eclesiásticos, obtivessem prestígio em suas respectivas comunidades.

No que se refere à congregação milanesa, em particular, pode-se notar que o discurso do bispo Ambrósio demonstra a formação de uma hierarquia feminina, na qual a posição é explicada, dentre outros fatores, pelo grau de abstinência sexual. Portanto, as virgens, seguidas das viúvas, ocupavam um lugar superior ao das casadas.[29]

Teodora foi uma dessas virgens, em Alexandria, que, não querendo sacrificar aos ídolos, foi colocada no lugar das mulheres públicas e de lá retirada por um cristão por nome Dídimo, que com ela trocou uma roupa de soldado e a livrou pelo maravilhoso favor de Deus.

Sobre suas virtudes, foi comparada, por Ambrósio, a uma das mais puras virgens no corpo e na alma, com coração humilde, prudente no falar, recatada no trato, amiga do trabalho e inimiga das riquezas inúteis. Ela não ofendia a ninguém, era útil a todos e respeitava aos mais velhos, não se agradava das honras terrestres e suas ações eram motivadas apenas pelo amor à virtude. Nunca desagradou a seus pais nem ofendeu aos seus parentes. Sempre defendeu o débil, o desamparado e o necessitado.

Trecho do interrogatório de Teodora

Entrando em seu tribunal Eustraílo, o Prefeito[30] Augusto de Alexandria ordenou que lhe trouxessem a virgem Teodora e um escriba.

[...]

O Prefeito lhe perguntou: *Qual é a tua condição?*

Teodora: *Cristã.*

Prefeito: *Escrava ou livre?*

Teodora: *Já te disse que sou cristã. Quanto ao resto, Jesus Cristo vindo ao mundo me resgatou, e, por outro lado, eu nasci de pais livres.*

Prefeito: *Chame o jurisconsulto (advogado)[31] da cidade.*

Depois que este chegou, o prefeito lhe perguntou se a conhecia e lhe ordenou que dissesse o que sabia sobre ela.

Jurisconsulto: *Por seu nascimento ilustre, eu lhe digo que a conheço de uma das melhores famílias de Alexandria.* [...]

Prefeito: *Creia, respondeu o Prefeito, dirigindo-se a Teodora, que não sabia que tu nasceste de pais nobres. Tu te casaste?*

Teodora: *Para agradar a Jesus Cristo, que, tornando-se homem, santificou os nossos corpos e em quem espero que, enquanto eu estiver sempre fiel, ele me preservará de toda corrupção.*

Prefeito: *Tu sabes que existe um Decreto dos Imperadores que dispõe que as virgens que se recusarem ao sacrifício aos deuses sejam expostas em um lugar de prostituição?*

Teodora: *Acho que também não ignoras que Deus em cada ação olha para a intenção de nosso coração; ele sabe muito bem que a minha é guardar inteiramente minha pureza e, mesmo com a violência que possa sofrer, não posso deixar de ser pura aos seus olhos.*

Prefeito: *É possível que tanta beleza te torne presa de alguns perdidos? Eu confesso que sinto infinitamente pelo destino deplorável que te está destinado, mas não posso deixar de te avisar que essa compaixão será inútil se tu desprezares o conselho que te dou. Sim, eu juro pelos deuses, isso é preciso, ou sacrificr a eles, ou resolver ser o opróbrio de tua família e a desonra dos bons. Já te declarei a intenção dos imperadores.*

Teodora: *E eu já te disse que Deus não atende senão à sua própria vontade, que penetra no secreto dos corações e não ignora nenhum de nossos pensamentos. Eu não vou me considerar desonrada se a força for usada para me desonrar. Porque se, por exemplo, quisesses me cortar uma mão, um braço ou a cabeça, seria eu culpada de homicídio? Certamente não. Somente seria culpado aquele que cometeu essa violência. Da mesma forma, em qualquer estado que eu esteja, aos olhos de Deus sempre serei virgem. Ele colocou em mim esse precioso tesouro de virgindade, ele saberá muito bem como preservá-la.*

Prefeito: *Pelo menos livra tua casa de tão grande afronta. Lembra-te de onde nasceste; porque, se acontecer o que o procurador da cidade me disse, teu pai tem nela um dos primeiros postos. É possível que tu tenhas que manchar em um dia a honra de tua família?*

Teodora: *A origem da verdadeira honra é Jesus Cristo, e foi ele quem enobreceu as almas, e foi dele que a minha recebeu o pouco esplendor que tem. Nada vai afetar que sua pomba caia nas garras do falcão [...].*

Prefeito: *Tu já disseste tudo o que tinhas a dizer? Devo confessar que tive muita paciência em deixar-te expressar todas as tuas visões* [...]. *Mas, de qualquer forma, se tu continuares nessa obstinação, não te distinguirei mais do que à escrava mais infeliz. Eu vou executar em ti o edito com todo o rigor, como a qualquer mulher comum.*

Teodora: *Aqui estou, eu te entrego meu corpo: tu também és o dono dele. Mas da minha alma fica sabendo que só Deus tem poder.*

Prefeito: *Posso te dar dois bofetões e dizer-te: Toma, isso é para te curar da tua loucura, aproxima-te do altar e sacrifica aos deuses.* [...] *No final vais me fazer perder a paciência. Executarei o edito. Eu pensei que poderia livrar-te de tua loucura e tive paciência, mas, como teu erro é mais forte do que tua própria honra e te faz entregar-te a esse espírito de rebelião, eu mesmo seria culpado de desobediência se demorasse mais tempo para te punir.*

Teodora: *Tu tens medo de desagradar a um homem e seres repreendido pela pouca providência na execução de tua ordem. Pois eu também temo desagradar a Deus, e meu desejo é obedecer ao que ele me ordena: temo que o Rei do céu e da terra não esteja feliz comigo e que me acuse de desprezo.*

Prefeito: *Mas parece que tu não tens medo de mostrar desprezo pelos decretos dos Imperadores e me tratas como tolo. Mas não sou e te dou três dias para pensares seriamente no que é melhor para ti. Contudo, terminado esse tempo, se eu não te achar submissa e pronta a fazer tudo o que é pedido aos deuses, te levarei para um lugar onde sirvas de exemplo, mas de um exemplo terrível. Lá ficam todas as outras mulheres que agiram como tu.*

Teodora: *Não há necessidade de esperar por esses três dias porque nem todo esse tempo vai me fazer mudar meus princípios. Estou pronta para ir aonde queres me levar, porque há apenas um Deus no mundo, e ele não vai me abandonar. Bem, tu podes fazer a partir de hoje tudo o que queiras. Se, no entanto, decidires deixar* *passar três dias, a única graça que te peço é que permaneças honesto até tua sentença.*

Prefeito: *Isso é muito justo. Que a guardem cuidadosamente por três dias, mas não cometas nenhuma violência. Muito bem, que respeitem a nobreza de teu sangue e a grandeza de teu nascimento.*

(Passados os três dias, o Prefeito ordenou que levassem Teodora até ele. Depois que ela chegou, ele perguntou:)

Prefeito: *Bem, tu tomaste uma decisão melhor? Se for assim, sacrifica e volta para a casa de teu pai. Mas, se continuares sendo aquela filha apaixonada e a quem nada pode persuadir, eu te prometo que antes de uma hora terás perdido tua virgindade que te esforças tanto para preservar.*

Teodora: *Já te disse mais de uma vez e ainda repito que fiz meu voto de castidade inspirada pelo próprio Jesus Cristo. Ele conhece muito bem os meios de impedir que sua esposa perca a única coisa que lhe pode ser agradável nela. Ele também saberá como tirar sua ovelha do meio dos lobos.*

Prefeito: *Pelos deuses te juro que não me exporei à indignação dos Imperadores por ti. Eu vou pronunciar a frase. Lá está o que te acontecerá se não sacrificares aos deuses. Vamos ver se o teu Jesus Cristo tem um grande cuidado de suas ovelhas e de sua pomba; ele o deve fazer mesmo que seja pouco grato.*

Teodora: *Não te importeis com isso. Este Deus, que esteve até aqui comigo, é o guarda da minha pureza, a ele se tornará meu protetor contra a violência de alguns homens perdidos que querem corrompê-la.*[32]

Enfurecidos com suas declarações, ameaçaram-na com a prostituição para destruir sua virtude da virgindade e posteriormente vencê-la na da fé. Outro espírito menos pronto poderia ter caído nessas redes diabólicas; mas essa virgem, ao invés de se atemorizar, tornava-se mais corajosa, vencendo o temor pela castidade posta em perigo. Indagava a si mesma:

MÁRTIRES CRISTÃS

> Que farei: Hoje serei mártir e renunciarei à virgindade? Que
> coroa vou escolher? Se me mantiver virgem, renego o autor da
> virgindade. O que vale então essa virtude? Não há como desas-
> sociá-la do culto a uma meretriz ou da paixão dos adúlteros? [...]
> Mas, obrigada a escolher, havendo de perder uma delas, prefiro
> manter a da alma, com a qual permanecerei casta aos olhos de
> Deus; ainda que os homens violem o meu corpo, só o consegui-
> rão contra a minha vontade.[33]

Teodora foi conduzida ao local público e, ao entrar, ergueu os olhos para o céu, rogando a Deus que a ajudasse e lhe tirasse daquele lugar infame: "Vós, que libertastes o apóstolo Pedro da prisão, anos atrás, e o livrastes antes de sofrer qualquer afronta, fazei com que eu saia daqui sem nenhuma mancha, para que todos reconheçam que tenho a honra de ser vossa serva e filha".[34]

Nesse momento, já afluíam ao local muitos jovens, que logo foram atraídos pela visão da linda Teodora, enxergando-a como uma presa que não podia escapar, decidindo quem seria o primeiro a atacá-la. Mas Jesus Cristo a preservou, enviando um de seus servos para a libertar.

Havia entre os cristãos da cidade um jovem virtuoso e temente a Deus chamado Dídimo. O santo zelo que concebeu pela pureza de Teodora o fez recorrer a um estratagema inocente para tirá-la do terrível perigo. Ele pegou uma roupa com um soldado e, utilizando uma postura de jovem mimado, entrou facilmente no aposento.

Vendo-o se aproximar, a virgem de Deus sentiu seu sangue congelar e correu para todos os cantos da sala. Contudo, foi convencida de que Dídimo não estava lá para lhe fazer mal, entendendo que ele era um dos irmãos da fé que se disfarçara para tirá-la dali.

O rapaz declarou-lhe que vinha para libertá-la e a aconselhou a trocar de roupa com ele e a sair dali com aquele disfarce. Então Teodora reconheceu que Deus mandara seu anjo fechar a boca dos leões. Feita a troca, ela partiu e deixou o rapaz cristão vestido com suas roupas. Quando os soldados descobriram que havia um homem no lugar da jovem, ficaram estarrecidos, sem entender o que havia acontecido, ao que o jovem lhes explicou:

> Não, não, aqui não há nada de extraordinário e sobrenatural, nem mesmo o Senhor mudou nada em mim, eu sou o mesmo [...]. Consolai-vos, embora seja verdade que não esteja aqui aquela que estava aqui antes, vocês podem se vingar de quem ficou em seu lugar. Mas vocês me devem aplausos: "Entrei aqui virgem, e sairei daqui virgem, e mártir, e sempre soldado de Jesus Cristo".[35]

Dídimo foi, então, levado ao prefeito para ser interrogado. Quando Teodora soube que ele seria martirizado, correu para o local, e eles conversaram sobre quem derramaria primeiro seu sangue.

Ela dizia que queria morrer primeiro, para saldar sua dívida: o corpo que não queria que fosse ultrajado estava agora disposto a receber a morte, e a virgem que não aceitara o estupro se oferecia para o martírio. Ela sabia que podia ter trocado de roupa, mas não de fé; se ficasse livre do martírio, a condenariam novamente à prostituição: "Nós dois ficaremos felizes se eu morrer primeiro, porque eles podem tirar de mim a vida e a virgindade. Você não prefere que eu morra virgem a me ver ultrajada por libertinos para que me salvem do tormento?".[36]

Após interrogatório, ambos foram decapitados e seus corpos, jogados no fogo.

MÁRTIRES CRISTÃS

As sete anciãs virgens e mártires: admiradas pela perseverança, elogiadas pela modéstia, mas cobertas de feridas[37]

E quanto às mulheres, não menos fortalecidas que os homens pelo ensinamento da doutrina divina, umas suportavam os mesmos combates que eles e levaram os mesmos prêmios por sua virtude; outras, arrastadas para serem desonradas, preferiram entregar suas almas à morte antes que os corpos à desonra.[38]

O governo da cidade de Ancira (Ankara da Turquia) foi concedido pelo imperador Maximino (285-305) a Teotegno, um homem sem humanidade, nem religião, inquieto, colérico, violento, maligno e sedento de sangue, que havia prometido empreender uma guerra sangrenta contra os cristãos, e só por esse fato conseguira o cargo.

Todos os fiéis que lá viviam se consternaram profundamente com a notícia e começaram a fugir para as montanhas, cavernas e fendas de rochas. Contudo, Teotegno enviava à cidade mensageiros que declaravam os desígnios ímpios que tomava contra o cristianismo: todos as igrejas cristãs seriam demolidas, os líderes seriam levados aos templos dos deuses romanos para negarem a Jesus Cristo e, em caso de resistência, seus bens seriam apreendidos, e eles e seus filhos seriam aprisionados.

Quando os editos foram publicados, os mais conceituados entre os cristãos foram presos e levados diante do povo para ser insultados. A desordem aumentava: as mulheres eram arrebatadas dos braços de seus maridos; as donzelas, afastadas de suas mães; as virgens consagradas a Deus eram retiradas de seus abrigos para ser expostas à desonestidade pública; os jovens eram vendidos e entregues ao ódio de um povo furioso. Os que estavam nas montanhas foram forçados pela fome a abandonar seus retiros, e muitos se entregaram voluntariamente.

MÁRTIRES DA IGREJA PRIMITIVA

Além disso, Teotegno ordenou que tudo que fosse exposto à venda pública, como pão, vinho, frutas e o que servisse de alimento ao homem, devia primeiro ser oferecido aos ídolos, com o intuito de que os cristãos não pudessem fazer seus rituais.

O único lugar seguro era a casa de Teodoro, um estalajadeiro que fez de sua taverna uma igreja, casa de oração, sala de caridade e o repositório do cristianismo. Depois de sua conversão, ele se transformara, e de profano tornou-se um santo, cuidando dos enfermos, aconselhando e encorajando aqueles que eram levados para as execuções.

> A grandeza da sua caridade o levou onde quer que houvesse um miserável. Ele visitou os prisioneiros, consolou-os e os ajudou em suas necessidades. Recebeu em sua casa aqueles que libertou da fúria dos tiranos e, não satisfeito em ajudar os vivos a zelar pela conservação de seu corpo físico, obtinha-lhes descanso, consolo e alegria. Sua caridade incansável estendeu-se aos mortos: recolhia suas cinzas, descobria onde estavam seus corpos, reunia seus membros separados pela violência dos tormentos e muitas vezes os libertava do triste destino que era ser presa de corvos ou de saciar a fome de cães. Ele não pôde escapar das penas rigorosas com que eram punidos aqueles que eram pegos fazendo esse piedoso serviço. Sua piedosa compaixão não o livraria de ser executado com aqueles mártires. Quem jamais teria pensado em encontrar tanta virtude, tanta religião, tanta grandeza de alma em um estalajadeiro?[39]

Havia também naquela cidade sete virgens que tinham se consagrado a Deus desde seus primeiros anos e cresceram em todas as virtudes, guardando inviolavelmente a fidelidade que juraram ao seu esposo divino, mantendo com extremo cuidado seus corpos em pureza.

MÁRTIRES CRISTÃS

Elas foram presas pelo tirano e torturadas para renunciar ao cristianismo, mas resistiram bravamente, mesmo em avançada idade e com rostos que eram sepulcros de suas belezas anteriores. Contudo, o único objetivo dessa violência tão desnecessária era que desonrassem a igreja e insultassem a Cristo.

Seus nomes eram: Tecusa, Alessandra, Cláudia, Faina, Eufrásia, Matrona e Julita. O guarda mais ousado da tropa conduziu Tecusa a um recanto de banhos para a desonrar. Em lágrimas, ela se jogou aos pés dele, e, agarrando-se às suas pernas, pedia-lhe que mudasse sua resolução.

Tecusa explicou que ele não iria obter qualquer satisfação com ela, e aquilo só lhe seria uma ação embaraçosa, pois era uma mulher idosa e a velhice a murchara, as austeridades a emagreceram e as doenças a consumiram. Como ele iria usá-la para obter prazer? Já tinha 70 anos, rugas e cabelos brancos que não lhe provocariam qualquer desejo. E indagou se ele preferia se sujar com um corpo destinado a ser comido para cães e abutres. Pediu-lhe ainda que não deixasse que pensamentos tão indignos permanecessem em sua mente, mas que rogasse a Jesus Cristo a graça do livramento.

Descobrindo sua cabeça, mostrou seus cabelos brancos e suplicou piedade por sua velhice, comparando-se com a própria mãe dele. Um discurso como aquele tocou o coração do jovem embrutecido, fez-lhe mudar de atitude e dissuadir a seus companheiros.

Sabendo do fato, o cruel Teotegno não as levou a um segundo julgamento, mas as encaminhou para que fossem instruídas nos mistérios de Diana e Minerva como suas sacerdotisas. Sua principal função era levar as imagens das deusas para uma cerimônia, próxima de um lago, para as purificar e a elas também. As novas sacerdotisas ficaram nuas e expostas aos escárnios de homens insolentes ao lado das imagens de Diana e Minerva.

Aquela terrível multidão aumentava a cada instante movida pela curiosidade bárbara e ridícula de ver as virgens cristãs naquele estado deplorável, mais dignas de compaixão e horror do que da tola alegria da população simplória. E alguns homens bons, mesmo pagãos, admiravam-se de como algo tão contrário aos bons costumes e à honestidade pública era aprovado. Uns, movidos de compaixão pela velhice daquelas virgens, admirados com sua perseverança e elogiando sua modéstia, ao verem suas feridas, derramavam lágrimas na presença do detestável Teotegno, que seguia o cortejo, fechando a procissão profana.[40]

Esse cruel espetáculo foi contemplado por Teodoto, que ficou assustado e temeroso pela fragilidade das anciãs. Temendo que perdessem a coragem, rogou a Deus com lágrimas, pedindo que fortalecesse suas servas. Outros cristãos oraram com ele do nascer do Sol ao meio-dia.

Ao ser informado de que elas haviam sido atadas às pedras e jogadas no lago, Teodoto sentiu muita alegria, amor e gratidão por saber que teria mais chances de retirar seus corpos da água para lhes dar um digno sepultamento,[41] começando a planejar como o faria.

Depois de dois dias, saíram em silêncio e jejum para o lago, dispostos a cortar as cordas que amarravam as pedras. Mesmo atemorizados, não encontraram ninguém junto aos cadáveres, mas aquele cenário lhes causava muito terror. Encorajados por uma linda visão de uma voz dizendo para não temerem, continuaram seu caminho e conseguiram realizar o que pretendiam.

Um forte vento pôs em fuga os soldados que lá estavam, e esse mesmo vento retirou as águas do lago, que ficou com o fundo seco, o que permitiu a Teodoto e seus companheiros removerem os corpos das virgens. Felizes, cortaram as cordas e as colocaram em uma carroça para enterrá-las secretamente.

MÁRTIRES CRISTÃS

Após o amanhecer, a notícia se espalhou rapidamente e tumultuou toda a cidade, sendo presos mais cristãos. Até que Teodoto decidiu comparecer perante o governador, que lhe ofereceu honras e amizades por toda Galácia, desde que renunciasse a Cristo, que era, para ele, simplesmente o homem que Pilatos crucificara na época que era governador da Judeia.

Se ele abandonasse aquela superstição louca e ridícula dos cristãos, dava-lhe sua palavra de torná-lo um grande sacerdote de Apolo, que, depois de Júpiter, era o maior e mais respeitado de todos os deuses. Afirmou que Teodoto poderia conferir empregos e dignidades e nomear os sacerdotes e todos os ministros da religião. Sempre seria um deputado de preferência a qualquer outro, e todo negócio importante e toda solicitação ao tribunal passariam por suas mãos.

> Você quer terra, palácio e rico mobiliário? Tenho ordens para lhe dar tudo isso: em uma palavra, você terá as honras, as riquezas, o poder e o crédito de disputar com outros homens e a glória de ser o mais feliz de todos. Essas promessas magníficas atraíram as aclamações de toda a assembleia e mil felicitações a Teodoro. E os ouvintes não podiam deixar de elogiar a generosidade de um e admirar a boa sorte do outro.[42]

Diante da oferta de tantas honrarias, Teodoto a tudo recusou, com total desprezo aos deuses pagãos e suplicando a graça divina para convencer o governador a se desviar dos deuses pagãos. Enfurecido, Teotegno demostrou tal fúria, que, sem respeito por sua dignidade e degradando-se a si mesmo, desceu de sua corte com pressa para ser o carrasco do cristão.

Enquanto o potro[43] estava sendo preparado, os sanguinários esperavam impacientemente pelo derramamento do sangue do mártir; os pregoeiros faziam-se ouvir por todas as ruas até ficarem roucos. O mártir estava tranquilo e olhava os preparativos sem se alterar, como se fossem para outro, e não para ele mesmo.

Por três vezes, Teodoto foi colocado na tortura; só a visão dos instrumentos que seriam usados faziam-no tremer: o ferro e o fogo, os pregos e os pentes de aço, as linhas de prumo e as tiras de couro bruto.

Como ainda abria a boca para argumentar, o governador tirano mandou que quebrassem suas mandíbulas e dentes com pedras grossas. Mas, mesmo que ele não conseguisse articular bem as palavras, disse: "Mesmo quando você mandar cortar a minha língua, saiba que Deus entende o silêncio dos cristãos".[44]

Recolhido ao cárcere por mais cinco dias, foram-lhe oferecidas outra vez honrarias, que, recusadas, fizeram-no voltar à tortura. Não se pode contar os tormentos que o fizeram sofrer e insultavam até os que o atormentavam. Mas ele afirmou que nada sentiu e manteve-se firme. Por três vezes cruelmente torturado, ainda cantava hinos e cânticos a Cristo.

Com o corpo dilacerado, o futuro mártir atravessou a praça pública em um estado que causou horror à multidão que viu suas chagas. Até que o governador, condenando-o à morte, obrigou que cortassem sua cabeça e queimassem seu corpo. Sua última declaração foi:

> Senhor Jesus, Criador do céu e da terra, tu, que nunca abandonaste os que esperam em ti, eu te agradeço por teres me escolhido para ser um dos cidadãos da Jerusalém Celestial e um daqueles com quem divides as honras da dignidade real. Eu te dou graças, pois me fizeste derrotar o dragão e quebrar sua cabeça. Finalmente, Senhor, lembra-te dos teus servos e dá-lhes um pouco de descanso: que os inimigos do teu nome acabem seus últimos martírios e que sua fúria contra tua Igreja seja apagada em meu sangue. Tendo dito "amém", voltou-se para os fiéis

que o acompanharam e, vendo-os chorosos, disse-lhes: Por que vocês estão chorando, meus irmãos? Antes, agradeçam ao nosso Senhor Jesus Cristo que me deu a graça de terminar minha carreira com glória. Eu vou ao céu, onde vou servi-lo de agora em diante. E, dizendo isso, recebeu o golpe que pôs fim à sua vida.[45]

Falecendo finalmente, Teodoto levantou bem alto a voz e confessou a sua fé. O próprio Teotegno narrou que ainda poderia ocorrer algum infortúnio porque, quando foram colocar seu corpo sobre a fogueira, uma grande luz apareceu e pôs em fuga aqueles que deveriam incendiá-lo.

O FIM DA PERSEGUIÇÃO AOS CRISTÃOS pelo Decreto de Milão em 313 permitiu o reconhecimento público dos mártires; contudo, com as mulheres sendo excluídas da hierarquia eclesiástica, foram consequentemente também excluídas da santidade e do martírio.

No período de falta de acesso aos livros, a Idade Média, a população era instruída religiosamente pelos vitrais das catedrais e por esculturas de personagens e cenas bíblicas. As pessoas comuns não liam nem entendiam as Escrituras. Deus, o Senhor máximo da cristandade, era obedecido sem contestação, contudo exigia confissões, penitências, flagelos, venerações de relíquias e castigo aos desobedientes.

Então, na baixa Idade Média, o clero romano criou o Tribunal da Inquisição, a fim de punir os que pensavam de forma diferente. E o fez de maneira cruel: com perseguições, acusações infundadas, torturas e mortes na fogueira, e sem direito à defesa. Período triste para os cristãos perseguidos, como os valdenses e outros que foram considerados hereges.

No próximo capítulo, serão apresentados os heréticos, as beguinas e três vozes caladas pela Inquisição: Marguerite Porete, escritora e pregadora; Catarina de Lorena, evangelista apologeta, e Joana D'Arc, guerreira donzela que foi valente ao participar da guerra contra a Inglaterra.

É controversa a atuação de Joana. Ela foi uma boa cristã ou uma herege? Como uma iletrada de apenas 17 anos ouvia vozes de enviados de Deus e recebeu uma missão tão difícil de guerrear por seu país e libertá-lo? Ela era iluminada ou simuladora? Será que pode ter sido uma agente pontual de Deus para corrigir a injustiça de uma guerra que já durava cem anos?

É o que será enfocado a seguir.

Joana D'Arc por Jean-Evariste Fragonard.[1]

CAPÍTULO 3

MÁRTIRES MEDIEVAIS

INQUISIÇÃO, HEREGES, A BEGUINA, A FALSA FREIRA E A GUERREIRA

Joana D'Arc em trajes de soldado.[2]

> Enquanto a maioria dos teólogos medievais concebia uma igualdade teórica entre homens e mulheres em sua capacidade de serem salvos, quase uniformemente viam os homens como os mais capacitados a praticar as virtudes necessárias para a salvação. Assim, Atanásio (morto em 373) alegava que as mártires demonstravam algo "contra a natureza" (ou seja, a coragem feminina) que poderia dar prova de algo "maior que a natureza" (ou seja, a verdade cristã). Além disso, as mulheres eram excluídas do clero cristão e, dessa forma, da vocação que produzia a maioria dos santos reconhecidos durante certos períodos. Por toda a Idade Média as mulheres foram minoria entre aqueles cuja reputação de santidade recebia celebração pública, e dessa forma tornavam-se merecedores do título de santos.[3]

AS BEGUINAS quiseram ser espirituais, sem ser religiosas; quiseram viver entre mulheres, sem ser monjas ou abadessas; quiseram rezar e trabalhar, porém fora dos mosteiros; quiseram ser fiéis a si mesmas, porém sem votos; quiseram ser cristãs fora da igreja institucional e das heresias [...]. Para fazer possível no seu mundo esse desejo pessoal, inventaram a forma de vida beguina, uma forma de vida refinadamente política, que supõe estar além da lei, não contra a lei. Nunca pediram ao papa chancela em sua vivência e convivência, nem tampouco se rebelaram contra a Igreja.[4]

"Enquanto o cristianismo convertia o mundo, o mundo convertia o cristianismo, fazendo-o mostrar o natural paganismo do homem."[5] Essa frase do historiador Duran reflete a inversão que ocorreu na religião cristã. Primeiro os cristãos eram os perseguidos; após a oficialização do cristianismo, eles agem da mesma forma que os pagãos: destroem templos e obrigam os não cristãos a adotarem o cristianismo, até mesmo contra a própria vontade.

Após o imperador Teodósio (346-395) declarar o cristianismo como a religião oficial de Roma, em 380, através do Edito de Tessalônica, tudo se transformou. O caminho de fé e de simplicidade proposto pelo mestre Jesus Cristo, que pregava uma religião de amor, encheu-se de pompa e poder para substituir a religião romana pagã.

Teodósio I (379-395) Católicos e hereges

Queremos que as diversas nações sujeitas à nossa Clemência e Moderação continuem professando a religião legada aos romanos pelo apóstolo Pedro, tal como a preservou a tradição fiel e tal como é presentemente observada pelo pontífice Dâmaso e por Pedro, bispo de Alexandria e varão de santidade apostólica. De conformidade com a doutrina dos apóstolos e o ensino dos Evangelhos, creiamos, pois, na única divindade do Pai, do Filho e do Espírito Santo, em igual majestade e em Trindade santa. Autorizamos os seguidores desta lei a tomarem o título de Cristãos Católicos. Referentemente aos outros, que julgamos loucos e cheios de tolices, queremos que sejam estigmatizados como o nome ignominioso de hereges, e que não se atrevam a dar a seus conventículos o nome de igrejas. Estes sofrerão, em primeiro lugar, o castigo da divina condenação e, em segundo lugar, a punição que nossa autoridade, de acordo com a vontade do céu, decida infligir-lhes.[6]

A perseguição contra os cristãos, agora oficializados, cessou. Contudo, com o crescimento das chamadas "heresias", surgiram novos mártires no final da Idade Média. As rédeas do governo romano passaram de um império moribundo a um papado forte que levou ao desenvolvimento da Igreja Católica, a cabeça da cristandade, e que estabeleceu novas formas de vida, além de pensamentos válidos para toda a comunidade cristã.

As mulheres, os trovadores, as beatas e as beguinas se declaravam discípulos do amor — não da hierarquia feudal, cuja lealdade era bem distinta da cristã. Novas tendências de santidade feminina formaram-se no século 12, e mais de um quarto desses cristãos santos era de mulheres. Com a fundação das novas ordens mendicantes, esteve presente uma santidade laica de mulheres casadas, e algo inédito ocorria quando havia "uma mulher do povo que sente a história do Salvador em seu coração e a refere aos seus filhos com mais clareza e emoção do que muitas pessoas eruditas".[7]

Essa piedade iluminava a dependência de mulheres religiosas dos clérigos homens, pois somente o padre poderia consagrar a eucaristia ou dar o sacramento da confissão. Contudo, com seu modelo de santidade feminina independente, na submissão somente a Deus, com o qual mantinham comunhão constante, elas subverteram esse papel.

Não demorou muito para que a admiração a essas vidas santas desse lugar à inveja daquelas que se atreviam a falar em nome de Deus e a exortar até mesmo o alto clero romano. E a Inquisição as perseguiu. Um franciscano alemão, Lamprecht de Ratisbona, chegou a indagar: "Senhor Deus, o que é essa arte graças à qual uma velha mulher pode compreender melhor do que um homem de espírito?".[8]

Em 1252, o papa Inocêncio IV, por meio da bula *Ad Extirpanda*, institucionalizou o Tribunal da Inquisição, autorizando e regulamentando o emprego da tortura nos tribunais da Igreja.[9]

A tortura era aplicada quando o crime era provável, mas não certo, então havia uma ação preventiva destinada a coagir o acusado a confessar. Se ocorresse a confissão, ele teria direito a uma penalidade mais leve; se condenado à morte, podia beneficiar-se com a absolvição de um padre para salvá-lo do inferno.

O réu indiciado que não confessasse durante o interrogatório, apesar da evidência de fatos e de depoimentos idôneos, ou aquele contra quem houvesse indícios suficientes para se exigir a abjuração, ou o que vacilasse nas respostas, deveria ir para a tortura.

> Não faltaram, no entanto, juízes que se puseram a imaginar vários tipos de tortura. Marsílio fala de quatorze suplícios e afirma que encontrou ainda outros, o que leva Paul Grilland a elogiá-lo. Quanto a mim, se quiserem a minha opinião, direi que este tipo de erudição me parece depender bastante do trabalho de carrascos mais do que de juristas e teólogos que somos. Então, não vou falar disto. Isto posto, louvo o hábito de torturar os acusados.[10]

Aplicava-se a tortura também para que o acusado indicasse nomes de companheiros de heresia. As testemunhas que se

MÁRTIRES CRISTÃS

contradissessem eram torturadas, para descobrir qual delas estava dizendo a verdade. Não havia limites de idade para a tortura: meninas de 13 anos e mulheres de 80 eram sujeitas à mesma circunstância, apesar de o Manual dos Inquisidores afirmar que não se devem torturar crianças, velhos e mulheres grávidas: "Quanto à idade, os com menos de 25 serão torturados, mas não as crianças de menos de 14 anos".[11] Contudo, afirmava também que "a tortura, embora leve os fracos a confessar qualquer coisa, não serve para nada contra os hereges de têmpera".[12]

O herege era aquela pessoa que professava uma doutrina contrária à definida como matéria de fé; e a heresia era o erro de uma seita que levava ao rompimento com a fé tradicional. Estudando-se as heresias, podem ser encontradas as maiores barbaridades cometidas entre os homens em nome do cumprimento das determinações da fé. A razão pode ser falha e traiçoeira quando transforma a convicção que o indivíduo tem de estar com a verdade no direito de perseguir e aniquilar seus semelhantes; pois, julgando agir de acordo com os desígnios de Deus, está, na realidade, sendo conduzido por seu próprio complexo de superioridade.

O herege é sempre o outro, aquele que pensa diferente, que tem práticas estranhas, que não se conforma ao estabelecido. Mas convém lembrar que as experiências religiosas ocorrem dentro de culturas diversas e complexas, dentro de universos distintos e, especialmente no misticismo aqui apresentado, em uma época diferente da atual.

Os principais grupos heréticos daquela época foram: os albigenses (século 11, *Albi*) ou cátaros, que eram dualistas e criam que havia um Deus bom, criador das almas, e um Deus mau, formador do mundo e criador do corpo; os valdenses, herdeiros de Pedro Valdo, que defendiam o direito de ter a Bíblia no vernáculo, viviam com simplicidade e em comunidade, pregavam aos pobres na sua língua e aceitavam a ceia, o batismo e a pregação pelos leigos, inclusive por mulheres; e os lolardos, que eram os seguidores do precursor da Reforma e tradutor da Bíblia John Wycliffe —, eles apoiavam o uso das Escrituras em inglês, condenando as práticas romanas.[13]

Os Irmãos do Livre Espírito foram uma heresia confusa que, mesmo associada aos beguinos, foi rejeitada por eles. Para os irmãos livres, a salvação não dependia dos sacramentos da Igreja, mas da devoção a Deus em liberdade de espírito; aquele que chegasse à união com Deus, através do amor, podia ceder sem pecado e remorsos às exigências da carne.[14]

Duas observações importantes a fazer: as vidas de Francisco de Assis e Pedro Valdo foram parecidas. Ambos eram ricos e abandonaram seus bens por amor aos pobres. Porém, enquanto um teve sua ordem oficializada, o outro foi perseguido como herético, o que comprova como é muito tênue a linha que separa os fiéis dos hereges, já que o julgamento é humano, portanto, falho. E os beguinos não aceitaram o rótulo de "hereges", afirmando que eram verdadeiros seguidores da vida apostólica, não Irmãos do Livre Espírito, e estavam sendo injustamente perseguidos.

AS BEGUINAS

Originalmente, "beguina" era um termo pejorativo, com tom herético. Depois, preferiu-se considerá-las "mulheres santas", ou "mulheres religiosas". Essa relutância em usar a palavra "beguina" sem qualificação adicional continuou até a segunda metade do século 12.

Pela influência de Tiago de Vitry, que tinha sido nomeado bispo, o papa Honório III, em 1216, consentiu que mulheres pias — não somente na diocese de Liège, mas também na França e na Alemanha — vivessem em comunidade, mesmo sem pertencer a uma ordem aprovada, exortando-se mutuamente.

As beguinarias passaram a ser lugar de refúgio para mulheres pobres e abandonadas que bastavam a si mesmas. Suas

MÁRTIRES CRISTÃS

comunidades eram autônomas e viviam com um mínimo de burocracia. Discutiam entre si as Escrituras, confessavam-se umas às outras e atendiam aos necessitados; mas, por não se submeterem a qualquer controle, eram consideradas perigosas, e foram perseguidas pela Inquisição.

Espiritualmente, o movimento das beguinas seguiu o ideal da *vita apostólica*,[15] mantendo uma existência baseada em simplicidade, humildade e penitência, buscando unir a religião com o social, cuidando dos desamparados.

As beguinas acolheram prostitutas, dando-lhes tarefas, oportunidade de ganho e a sensação de pertencer ao grupo; contribuíram também para a diminuição dos riscos de contaminação, ao manterem os leprosos nas beguinarias.

Margarida Porete (1250-1310): a beguina itinerante e culta, mas queimada como herege[16]

> Mas aqueles que são sempre leais a ele são sempre tomados por Amor e aniquilados por Amor, e com nada se importam senão com Amor, ainda que sofram e suportem para sempre tormentos tão grandes como Deus é grande em sua bondade. E nunca amará perfeitamente a Alma que duvidar que isso seja verdade.[17]

Uma das beguinas mais conhecidas de sua época foi Margarida Porete, considerada uma beguina errante, que não tinha lugar fixo de moradia, viajando constantemente para divulgar suas ideias. Ela escreveu o livro *O espelho das almas simples e aniquiladas* (*Le miroir des âmes simples e anéanties*).

Essa única obra que escreveu é suficiente para entendermos uma das mais singulares místicas da história do cristianismo, que deixou um modelo de coragem ao enfrentar com serenidade a morte na fogueira. Apesar de colocar a salvação da alma simples em sua

MÁRTIRES MEDIEVAIS

própria capacidade de se aniquilar na busca da vontade divina, ela deixou claro que falava em seu próprio nome, e não no de Deus.[18]

Porete ousou fazer teologia, e o fez sondando a própria experiência com a deidade também na alma da mulher. Para ela, os seres humanos possuíam a capacidade de se tornar unidos à deidade, porque eles já eram, desde a eternidade, um com a deidade, em cuja intenção criadora eles encontram a sua verdadeira realidade.[19]

Margarida nasceu em 1250, no sudeste da Bélgica, no condado de Hainaut,[20] cuja capital era Valenciennes, entre Brabante e a fronteira francesa, em uma época de grande efervescência religiosa. Ela fazia parte do movimento das beguinas, porém foi mais uma beguina andarilha. Esse tipo de beguina solitária podia viver como reclusa, mendicante, professora ou pregadora itinerante.[21]

> [...] No início do século 14, surgem as primeiras notícias sobre Marguerite Porete. Na verdade, há poucas informações disponíveis sobre a autora, exceto por seus últimos anos de vida, já que constam nos autos de sua condenação. Segundo relatado, Porete [...] referia-se a si mesma como uma "mendiant creature", e era chamada de "béguine" por tantas fontes independentes, que essa designação pode ser considerada certa. Talvez essa autodesignação seja de fato literal, pois tudo indica que Porete tenha levado uma estilo de vida "béguine" de mendicância e errância.[22]

Pode-se inferir de seus escritos que ela foi uma mulher culta, de nascimento nobre e elevada educação, pois expressou sentimentos da aristocracia e usou metáforas aristocráticas para comunicar suas ideias.

Mesmo com sua obra condenada pelo bispo de Cambrai e queimada publicamente por volta de 1300 na Praça de Valenciennes,

83

sua cidade natal, ela continuou divulgando suas ideias e enviando sua obra para clérigos importantes, que a aprovaram.

Margarida combateu mais a Igreja e seus líderes do que seus predecessores. Ela afirmou que havia uma igreja invisível: "a grande igreja", ideal no mundo espiritual, constituída de almas livres e simples, que foram chamadas para julgar "a pequena igreja", estabelecida na Terra, e para reforçar que Deus castigaria toda a hierarquia eclesiástica que havia falhado.

Em sua obra, faz uma clara distinção entre as almas livres, a real Igreja Santa, a qual é governada pelo amor divino, e a Santa Igreja, a pequena, que é governada pela razão.

> **Amor:** É verdade, ó Santa Igreja, que estais abaixo dessa Igreja Santa! [...] Pois tais almas são propriamente chamadas de Igreja Santa, porque sustentam, ensinam e nutrem toda a Santa Igreja. E não propriamente elas mesmas, mas a Trindade dentro delas [...] Ó Santa Igreja, [...] diz Amor que quereis dizer sobre essas Almas, que são assim recomendadas e louvadas para além de vós, vós que fazeis tudo de acordo com os conselhos da Razão?
>
> **Santa Igreja:** Queremos dizer, diz Santa Igreja, que tais Almas estão numa vida acima de nós, pois Amor nelas permanece e a Razão permanece em nós [...].[23]

Foi sua insistência em viajar, disseminando sua doutrina, que causou sua prisão pelas autoridades. A acusação foi de que era suspeita de promover a heresia do livre espírito.

Seu inquisidor extraiu artigos de seu livro e os submeteu a uma comissão de 21 teólogos docentes da Sorbonne para exame. Eles declararam 15 artigos heréticos, entre os quais: a alma aniquilada abandona as virtudes e não precisa mais das consolações e dos dons de Deus, porque está completamente voltada para ele, que a impede de tais coisas.

Aprisionada em Paris, Margarida recusou-se a pedir absolvição ou fazer os juramentos, então foi deixada debilitar-se por 18 meses. Como herege que não se retrata de suas crenças, ela caiu na condenação determinada abaixo pelo Directorium Inquisitorum:

> A Igreja não perdoa o penitente relapso, por uma razão muito clara: reincidir é confessar que não houve conversão sincera no passado. O crime reiterado (*geminatus actus pravus*) é particularmente grave, dizem os juristas. É, portanto, absolutamente justo que a Igreja considere os relapsos inúteis, sempre infectados de heresia e, por isso, dignos de ser definitivamente expulsos e entregues ao braço secular.[24]

Margarida chocou mentes tradicionais, conservadoras e intolerantes, porque foi uma mulher que pregou publicamente e ensinou na linguagem do povo em plena Idade Média. Ela escreveu seu livro em 1296, e rapidamente ele se tornou muito popular. Endereçado ao público em geral e às mulheres em particular, sua obra é uma alegoria complexa, escrita na linguagem do amor cortês, com conceitos espirituais de difícil entendimento para a época atual.

Ela foi atraída para o tema da aniquilação ao refletir sobre a importância da doutrina da encarnação de Cristo, pois, se um homem sofre por amor, isso não é surpreendente, mas, Deus sair de si mesmo e se humanizar, isso fazia pensar na importância de estar desimpedido.

Para ela, Cristo, ao se esvaziar para cumprir em sua vida a vontade do Pai, tornou-se um exemplo, um espelho, um modelo da capacidade de querer o que Deus quer. A verdadeira imitação de Cristo para Margarida era o ato de se submeter à vontade de Deus. Jesus não devia ser um modelo para obras e flagelos, mas para o esvaziamento da vontade.

Em 31 de maio de 1310, foi executada a sentença de morte contra ela. Sua coragem e dignidade diante da perseguição e morte, além de sua firmeza na fé, fizeram dela um símbolo de esperança, e muitos aderiram aos seus ensinos. Várias pessoas que assistiram à sua execução tiveram compaixão dela, pois, em sua morte, Margarida exemplificou seu ensino:

> Essa Alma, diz Amor, foi despelada em mortificação, e queimada pelo ardor do fogo da caridade, e suas cinzas jogadas em alto-mar pelo nada da vontade. Ela é gentilmente nobre na prosperidade e elevadamente nobre na adversidade, e excelentemente nobre em todos os lugares, quaisquer que sejam.[25]

Herética ou não, a execução de Margarida Porète comoveu as pessoas da época e choca os leitores atuais, por saberem que a fé era defendida com armas anticristãs e que o preço por pensar diferente era pago com a própria vida.

Margarida empregou o versículo: "Onde há o espírito de Deus, aí há liberdade", mas não desfrutou da liberdade física, pois foi aprisionada e seu corpo foi destruído pelas chamas. Oxalá, porém, sua alma esteja desfrutando da completa comunhão com Deus, nosso Senhor; não aniquilada, mas repleta de gozo e paz.

Catarina de Lorena (Catharine Saube, ?-1417): tornou-se freira para pregar o evangelho às reclusas[26]

> "Amando ao Senhor seu Salvador mais do que sua própria vida, lutou firmemente e abriu caminho pela porta estreita para as espaçosas mansões do céu."[27]

No dia dois de outubro, por volta das duas horas da tarde, ocorreu em Montpellier, na França, que certa sentença de morte foi pronunciada e executada no mesmo dia sobre uma mulher justa

e temente a Deus, em Lorena, chamada Catharine Saube [...],
que deixou carne e sangue nos postes, nas chamas ardentes, no
local da execução.[28]

Nascida em Tu, na Lorena, Catarina vivia em Montpellier, na
França, cidade que redigiu um grande livro com seus registros
civis, denominado *Talamus*, no qual os relatos sobre sua condenação pela Inquisição foram fielmente traduzidos da antiga língua
de Montpellier para a língua francesa.

> No dia 15 de novembro de 1416 d.C., depois de ter sido realiza-
> da a missa na igreja paroquial de São Firmino, em Montpellier,
> Catharine Saube, natural de Tu, Lorena, entrou naquela igreja
> para se apresentar. Cerca de 15 ou 16 dias antes, ela havia pedi-
> do aos senhores e burgomestres daquela cidade permissão para
> ficar trancada com as outras reclusas no convento da estrada de
> *Lates*. Os referidos senhores e burgomestres, e todos os tipos
> de comerciantes, juntamente com mais de 1.500 habitantes
> da cidade, homens e mulheres, vieram à igreja, nessa procissão
> geral. Os ditos burgomestres, como patronos, isto é, pais e pro-
> tetores das freiras reclusas, conduziram a dita Catarina, como
> noiva, ao referido claustro, onde a deixaram ficar encerrada
> numa cela.[29]

Foi presumido que a intenção dela ao solicitar admissão no
convento foi por sua piedade movida pela ardente fé que nascia
em seu coração. Catarina sentiu um santo desejo de revelar às
outras freiras reclusas o verdadeiro conhecimento de Jesus Cristo, achando-se suficientemente dotada pelo Senhor. Sua missão
foi bem-sucedida, e todas as mulheres ali creram no evangelho.

Os mesmos registros públicos referem que, no ano seguinte, em 2 de outubro de 1417, era cerca de duas horas da tarde
quando M. Raymond Cabasse, da ordem dos monges jacobinos

MÁRTIRES CRISTÃS

ou dominicanos, vigário do inquisidor, sentou-se no tribunal, ao lado do portal da prefeitura de Montpellier, na presença do bispo de Maguelonne, do vice-governador, das ordens religiosas e de todo o povo, que encheu a praça da prefeitura.

As acusações contra ela foram: que é melhor morrer do que se irar ou pecar contra Deus; que não adorou a hóstia consagrada pelo padre, porque não acreditava que o corpo de Cristo estava presente nela; que não é necessário confessar-se ao sacerdote, porque é suficiente confessar os pecados a Deus, e que tem o mesmo valor confessar os pecados a um leigo discreto e piedoso quanto a qualquer capelão; e que não haverá purgatório depois desta vida.

Por fim, foi declarada a sentença definitiva contra ela: "[...] que a citada Catharine Saube, de Tu, em Lorena, que, a seu pedido, havia sido colocada no claustro das reclusas, era uma herege, e que ela havia divulgado, ensinado e acreditado em diversas heresias condenáveis à fé católica".[30]

Nos últimos artigos sobre sua condenação no livro da cidade, fica evidente quão ousada e penetrante foi a fé dessa mulher; ela não deixou de atacar o papa, os sacerdotes e as superstições praticadas por eles, e convenceu as freiras com a verdade de Deus.

Sobre sua sentença e morte, é relatado que:

> Tendo pronunciado esta sentença sobre ela, o vigário do inquisidor, M. Raymond, a entregou nas mãos do oficial de justiça, que era reitor ou juiz criminal da cidade. O povo suplicou-lhe muito em favor dela, para que a tratasse com misericórdia; mas ele executou a sentença no mesmo dia, fazendo com que fosse levada ao local da execução e ali fosse queimada como herege, de acordo com a lei.[31]

Em um acréscimo adicional, o livro da cidade registrou que o bispo de Maguelonne pregou um sermão veemente e severo sobre Catarina, acusando os que acharam sua sentença de morte injusta e repreendendo a indignação dos que falaram contra aquele julgamento.

Testemunhas críveis declararam que no referido livro *Talamus* foi registrado que, algum tempo depois de seu martírio, todo o convento em que Catarina estava confinada foi queimado, com todas as freiras; sem dúvida, por causa de suas crenças. Sua condenação fez com que pessoas simples fossem incitadas em seus corações a examinar a verdade mais de perto e a apreender à luz do evangelho naqueles tempos sombrios.

Catarina foi queimada pela Inquisição, mas não foi considerada nem mártir, nem santa, somente herética, sendo muito ousada ao pregar dentro de um convento. A próxima mártir, Joana D'Arc, uma guerreira que cria obedecer às orientações divinas, foi martirizada por declarar que devia mais obediência a Deus do que à instituição romana. Contudo, posteriormente, seu processo foi anulado e ela foi canonizada pela igreja.

Alguns fatos dessas vidas podem parecer estranhos ao leitor, como visões de anjos e santos e a crença na aniquilação da alma; porém, entende-se que, se por um lado a igreja monopolizava a vida religiosa, por outro era época do misticismo e das disciplinas espirituais, que eram exercidas até mesmo como obrigações cristãs.

Segundo o historiador Daniel Rops, a estranheza permeia a história da donzela Joana, e ele pergunta: "Mas não será tudo estranho nesta lenda que é história?".[32] Portanto, se é história, vamos apresentá-la aos leitores.

Joana D'Arc (Jehanne la Pucelle, 1412-1431)[33]

> "Podem arrancar meus membros e expulsar minha alma do meu corpo, não posso lhes dizer mais nada."[34]

Joana disse que nada a impediria de alcançar o seu objetivo, pois, mesmo que tivesse de caminhar até não mais ter pernas, ainda

MÁRTIRES CRISTÃS

assim chegaria ao delfim e o ajudaria na obra de restauração da França, pois este era o desejo do Senhor.[35]

A época em que Joana D'Arc viveu foi bem difícil para seu país, a França, que enfrentava a Guerra dos Cem Anos (1337-1453) contra a Inglaterra. O povo não tinha um governante, porque o último rei, Carlos VI, morrera em 1422, e o único herdeiro da coroa francesa era um pequeno jovem tímido e melancólico, chamado de delfim, ou de rei de Bourges.

Além da guerra estrangeira, teve início uma guerra civil opressora do povo pobre, promovida pelos borgonheses, esquecidos de suas raízes francesas; desejosos de tornar seu duque Filipe um soberano, tornaram-se colaboradores do domínio estrangeiro.

Joana nasceu em uma família de camponeses arrendatários, em Domrémy, Lorraine, um território controlado parcialmente pelo duque de Borgonha e considerado separado do reino da França. Como possuidores somente de casa e terra, não houve escola para Joana, a irmã e três irmãos, que passavam a maior parte do tempo ajudando a família no campo.

Seus pais, Tiago Darc e Isabel Romée, educaram seus filhos no amor a Deus, à França e ao rei, mesmo que Carlos VII fosse senhor de apenas uma pequena parte do território francês. Muitos camponeses arriscaram suas vidas para que ele fosse coroado e lutavam contra o invasor inglês, que lhes incendiava as casas, enforcava os homens e enterrava as mulheres vivas.

Joana era uma autêntica filha do povo francês, amiga dos trabalhos pesados e que considerava a luta contra os ingleses um trabalho necessário, apesar de penoso. A menina sempre trabalhava com entusiasmo, atenta à alimentação dos animais da casa e fazendo o serviço doméstico. Ela era uma criança feliz, satisfeita com seu destino e muito ligada ao pai. Gostava de costurar, fiar e participava dos jogos infantis com as crianças da aldeia.

O que a diferenciava era que nunca se desviava do que cria e não se influenciava pela opinião alheia. Quando tinha 13 anos, descansava à sombra de uma árvore; foi quando viu uma luz forte e escutou uma voz. Por diversas vezes ela viu formas na luz; para ela, era o anjo Miguel, escoltado por Santa Margarida e Santa Catarina. Um dos conselhos que recebeu foi que deveria ser uma boa menina e ir sempre à igreja.

Joana contou que duas a três vezes por semana ela ouvia a voz do anjo Miguel. Quando estava com 16 anos, ele lhe ordenou: "Vá, vá, filha de Deus, para o reino da França. Você deve expulsar os ingleses e trazer o rei para ser coroado".[36]

Após declarar, amedrontada, que era apenas uma jovem e nada sabia sobre guerra, o anjo lhe disse que Deus a ajudaria. Quando sua aldeia foi invadida pelos borgonheses, em outubro de 1428, e Orléans foi sitiada pelos ingleses, Joana, convicta, resolveu lutar, apesar da oposição dos pais. Posteriormente, declarou que, mesmo que tivesse cem pais e cem mães, ainda assim teria partido.

Ela se encontrou com o príncipe, futuro rei Carlos VII, e lhe contou sua missão ordenada por um poder sobrenatural. Depois de ser examinada por sábios teólogos que confirmaram que suas visões não eram malignas, sua ida para Orléans foi autorizada.

Os ingleses construíram sete fortalezas em volta de Orléans; a tarefa de expulsá-los era bem difícil. Equipada com uma armadura branca e levando na mão uma espada, a jovenzinha portava um estandarte no qual se lia: "Por ordem do Rei do Céu", e seguiu acompanhada por uma tropa reduzida.

Como a pretensão de Joana não era combater os ingleses, mas a injustiça, ela tratava os inimigos com bondade:

> Joana era piedosa e sentia grande compaixão em tais massacres. Uma vez, quando um soldado francês levava alguns prisioneiros ingleses, golpeou um deles na cabeça com tanta força, que o deixou agonizante. Vendo aquilo, Joana saltou do cavalo. Colocou

MÁRTIRES CRISTÃS

a cabeça do inglês em seus joelhos e deixou-o confessar-se, consolando-o com todas as suas forças.[37]

Em dez dias, ela conseguiu a libertação de Orléans, o que teve uma enorme repercussão em toda a França. A notícia da garota-soldado espalhou-se, e ela recebeu pedidos e presentes de nobres de toda a Europa.

Os ingleses estavam ressentidos e amedrontados, e o governador inglês de Paris descreveu Joana como "uma discípula e partidária do demônio". O próprio delfim da França não a acompanhou de boa vontade a Reims para ser coroado.

A donzela guerreira, acompanhando o príncipe para sua coroação, lutou em mais batalhas, reconquistando cidades que já prestavam vassalagem aos ingleses. Na cidade da coroação, o clima era festivo, e Joana manteve-se sempre próxima ao rei Carlos VII.

Os estados europeus encantavam-se com seu notável empreendimento: "Por intermédio dessa jovem pura e sem mancha, Deus salvou a mais bela parte da cristandade, e esse foi o acontecimento mais solene que ocorreu nos últimos cinco séculos".[38]

Dois meses depois, as tropas partiram para libertar Paris, mas o ataque não foi bem-sucedido: o pajem de Joana foi morto e ela foi ferida gravemente por uma flecha na coxa.

O seu último combate foi contra os borgonheses, que atacaram Compiègne, onde se encontrou completamente cercada. Então, rendeu-se calmamente, sabendo que tudo terminara. Os pedidos para seu resgate não foram atendidos pelo rei nem foi negociada sua libertação.

Os ingleses, que a acusavam de heresia e bruxaria, pagaram o resgate de 10 mil francos e a entregaram à Inquisição para ser julgada. Aprisionada na Borgonha, mas crendo na bondade do plano de Deus e nas vozes que ouvia, manteve-se sempre calma, surpreendendo seus captores. Ao tomar conhecimento de que seria julgada como herege pela Igreja, a jovem percebeu que enfrentaria sua mais difícil prova de fé.

Seus dois juízes eram o bispo Cauchon, de Beauvais, e o inquisidor de Paris, que estavam ladeados por dúzias de padres e pelos jurados no dia do julgamento. Os espectadores espantavam-se por ver como ela lidava bem com o contínuo bombardeio de perguntas. Indagada: "Você está na graça de Deus? [...] ela respondeu: 'Se não estou, peço a Deus levar-me a ela; se estou, que Deus me conserve nela'".[39]

O processo durou seis semanas, com três ou quatro horas de interrogatório pela manhã e mais duas ou três horas à tarde. Foi impossível provar que Joana era feiticeira ou criminosa. Somente sua falta de submissão à autoridade dos bispos ficou comprovada, o que já era motivo para alguém ser condenado como herege.

A evidência de que Joana dedicava sua lealdade a Deus mais do que à Igreja tornou-se clara com sua recusa em revelar o que suas vozes lhe haviam dito, aceitar que eram malignas e deixar de usar roupas masculinas, consideradas contrárias à Bíblia, sendo muito criticadas.

Portanto, entre setenta acusações, os juízes alinharam 12 acusações formais e aguardavam que a acusada admitisse sua culpa e renunciasse ao erro. Esse processo era feito sob tortura, e Joana foi submetida a tratamentos cruéis: foi acorrentada à cama, ridicularizada pelos carcereiros e não lhe foi permitido receber comunhão nem pôr os pés em uma igreja.

Seriamente enferma, não conseguiu sair da cama, mas, apesar de seu estado, o julgamento prosseguiu. Os juízes e seus colaboradores insistiam com ela para admitir que suas vozes eram demoníacas.

Mesmo pensando em desistir, Joana não conseguia, porque suas vozes lhe afirmavam que Deus iria salvá-la. Levada à câmara de tortura do castelo, lá se viu cercada por sapatos com parafusos que poderiam ser apertados até quebrar os ossos do tornozelo, e

MÁRTIRES CRISTÃS

por ferros para queimar a carne ou destruir os olhos. A guerreira, contudo, permanecia firme em sua declaração inicial de que não se submeteria às ordens da Igreja.

Conscientes de que não adiantaria torturá-la e sabedores de seu temor por morrer queimada, levaram-na ao local de execução e começaram a ler sua sentença de morte na fogueira. Quando ela ouviu, pediu ao padre para parar de ler e disse que mudara de ideia: renunciaria às suas vozes, vestiria roupas de mulher e faria tudo que a Igreja quisesse.

Joana precisava assinar uma declaração de retratação e seria submetida à prisão perpétua. Após ouvir as palavras daquela declaração e pegar a pena para assiná-la, ela riu histericamente, confessando-se herética, idólatra, cismática, invocadora de demônios etc.

A perspectiva futura a desanimava profundamente e "suas vozes" lhe diziam que ela não agira bem: "O seu horror da execução é compreensível, mas você deixou que seu medo do fogo empanasse seu julgamento. Você não serviu a Deus nem à verdade com o que disse. Falou apenas para salvar sua vida e, assim, condenou-se".[40]

Então, a donzela decidiu retirar sua retratação e "alegou que tudo fizera por medo da fogueira, mas que na verdade mantinha o que tinha dito anteriormente. Disse ainda que preferia morrer a continuar sofrendo os martírios a que estava sujeita naquela cela inglesa".[41]

Considerada uma herege da pior espécie, a relapsa, aquela que depois de confessar arrepende-se, Joana recebeu a pena capital. Mas agora sua força espiritual retornara e suas prioridades eram claras. Nada mais tinha importância para ela do que ser verdadeira.

Em 30 de maio de 1431, foi-lhe entregue um vestido velho embebido com enxofre, para que incendiasse rapidamente. Levada na carroça do carrasco até o cadafalso, escutou sua sentença, que a declarava uma herege completa entregue às autoridades

MÁRTIRES MEDIEVAIS

civis para ser executada. A Santa Igreja tirava o corpo fora, em virtude de sua "doutrina de misericórdia", pela qual somente o sistema de justiça civil executava as punições.

Na plataforma onde a justiça secular fazia seu julgamento, um cartaz exibia os dizeres: "Joana, denominada a donzela, mentirosa, perniciosa, sedutora do povo, adivinhadora, supersticiosa, blasfemadora contra Deus, presunçosa, infiel à fé de Jesus Cristo, jactanciosa, idólatra, cruel, dissoluta, invocadora de demônios, apóstata, cismática e herética".[42]

Joana rezava alto e, com lágrimas nos olhos, clamava por Deus e pelos santos. Pediu que a multidão a perdoasse, que rezasse por ela e prometeu que os perdoaria. As chamas se ergueram rapidamente, e, quando se aproximaram de seu vestido, ela começou a gritar: Jesus, Jesus, Jesus! Às nove horas da manhã, com 19 anos, morreu a camponesa guerreira.

Com sua morte, aumentaram os sentimentos de lealdade ao rei e ao país, e o desejo de libertação do controle estrangeiro tornou-se mais forte. Em 1453, a conquista da cidade de Bordeaux obrigou os ingleses a admitir sua derrota, colocando fim à Guerra dos Cem Anos.

Com a retomada de Rouen, o monarca francês, agora sério e dedicado, buscou os registros do julgamento de Joana, conseguindo realizar outro processo, anular o julgamento anterior e limpar seu nome. Em 1456, o papa Calixto III declarou o julgamento falso e nulo e inocentou Joana das acusações. Em 1920, ela foi canonizada pela Igreja Católica Romana.

A história de Joana D'Arc é uma história única de amor a Deus, à pátria e ao povo. Contudo, muitos relatos diferentes são encontrados: ela foi uma heroína, e por causa dela a França alcançou a vitória contra seus inimigos? Não, ela tinha uma doença mental, por isso ouvia vozes? Não seriam essas vozes demoníacas? O que é história, o que é lenda?

MÁRTIRES CRISTÃS

O que se percebe nos relatos é que Joana tinha uma credulidade, diferenciada da fé. Ela cria porque assim foi ensinada; era a pregação da Igreja à qual obedecia. Ela acreditava na intercessão dos santos, na importância das rezas por sua alma, nos sacramentos como meio de graça; diferentemente das outras mártires, ela se apavorou com a proximidade de seu martírio.

Foi a única citada neste livro que se retratou por temor à fogueira e pediu perdão por não negar o que cria. Várias vezes desesperou-se e chorou copiosamente, o que prova que a segurança total do cristão é comprovada, principalmente, na sua última hora de vida. Contudo, o foco em sua missão constituiu o melhor legado que deixou; seu interesse supremo, além de qualquer outro aqui na terra, era o de que Deus devia ser o "primeiro a ser servido".

ENTRE MARGARIDA E JOANA D'ARC existem algumas semelhanças, apesar de um século de distância separando-as. Margarida referiu-se à "Igreja Santa ou Grande Igreja", estabelecida no Céu, e à "pequena ou Santa Igreja", estabelecida na Terra. Joana D'Arc recusava-se a submeter-se à igreja militante, composta pelo clero e por todos os cristãos. Para ela, esta diferenciava-se da igreja triunfante, representada por Deus, santos e almas que haviam alcançado a salvação.

Outra semelhança relaciona-se com a salvação dos fiéis: para Porete, esta seria alcançada por sua própria capacidade de se aniquilar na busca da vontade divina; para Joana, seu voto de castidade e sua participação nos sacramentos garantia sua salvação.

Margarida, convicta na doutrina da alma aniquilada, estranha à Bíblia, teve que enfrentar o julgamento e a fogueira. Mas o fez serenamente, sem qualquer desespero ou arrependimento. Cabe aqui uma reflexão: Se atualmente fossem queimados todos os que pensam de forma diferente do convencional, haveria lenha o bastante?

Entre elas, aparece uma personagem singular, Catarina de Lorena, que evangelizou as que estavam enclausuradas e não conheciam o evangelho da salvação pela fé em Cristo. Ela tinha o dom do evangelismo e da apologética, defendendo sua fé das crenças da igreja oficial. Catarina sofreu o martírio com a confiança de que herdaria as mansões celestiais.

Joana D'Arc, tão jovem e com uma história conturbada, conseguiu o que ninguém obteve antes: após apenas 25 anos de seu martírio como herege, foi declarada inocente e seu processo foi anulado. Além disso, por suas vitórias militares, foi considerada um instrumento fundamental para a vitória francesa na Guerra dos Cem Anos.

Margarida e Joana foram consideradas hereges relapsas; morreram queimadas. Ambas colocavam o amor a Deus acima de tudo, porém, apesar da fé ou de mera credulidade, a aniquilação da alma, as visões e os sacramentos lhes foram mais importantes.

Por mais que a Bíblia declare que não somos salvos por obras, mas pela fé que é dom de Deus e que nosso salvador e único mediador entre Deus e os homens é Jesus Cristo, a igreja da época afirmava que havia necessidade de flagelos, penitências, venerações de santos, relíquias, boas obras etc. Atualmente, as pessoas ainda acreditam que é necessária a contribuição humana na obra redentora de Deus, que é totalmente gratuita através da fé em Cristo.

Anne Askew no tribunal.[1]

CAPÍTULO 4

MÁRTIRES NA ÉPOCA DA REFORMA

PROTESTANTES TORTURADAS E MARTIRIZADAS NA INGLATERRA

Joan Waste sendo conduzida ao local de seu martírio.[2]

"
"Então, lembrando a seus ouvintes que vários cristãos sinceros haviam sido recentemente presos e depois queimados até a morte por acreditar nas mesmas coisas que ela, em vez de abraçar as doutrinas de Roma, corajosamente continuou: 'Você está preparado para morrer por sua doutrina? Se não, então, pelo amor de Deus, não me incomode mais. Sou apenas uma mulher pobre, cega e sem instrução, mas com a ajuda de Deus estou pronta para entregar minha vida nesta fé'".[3]

"

EU AFIRMO que somente a fé salva. Mas é apropriado para os cristãos, como sinal de que eles seguem seu mestre, Cristo, fazer boas obras, ainda que, apesar disso, não possamos dizer que elas tenham proveito para a salvação. *Pois, embora todos nós façamos tudo o que podemos, ainda assim somos servos inúteis, e somente a fé no sangue de Cristo salva.*[4]

Os primeiros protestantes ingleses eram luteranos, liderados por eruditos de Cambridge e por tradutores da Bíblia. O pré-reformador inglês do século 14, John Wycliffe, professor da Universidade de Oxford, fez a primeira tradução da Bíblia para a língua inglesa, pregava a salvação pela fé e criticava a doutrina da transubstanciação. Seus seguidores, os lolardos, formaram uma congregação quase oculta, reunindo-se em casas e se concentrando na leitura bíblica.

Para esses evangélicos, a Bíblia, não a igreja, determinava a crença. A resposta de uma das mártires deste capítulo, Anne Askew, era um dogma entre os protestantes ingleses: "Eu creio no que as Escrituras ensinam". Essa frase era falada desde Wycliffe e seus seguidores. O conhecimento bíblico caracterizou o protestantismo do período, no qual havia muitas pessoas anticlericais; acusações sensacionalistas eram ilustradas em tabloides, com denúncias de cobiça por honra e dignidades e grande apetite sexual dos clérigos.

O solo inglês foi fértil para a pregação e para a doutrina luterana que entrou na Inglaterra em torno de 1520. Contudo, naquele país, a Reforma foi mais politizada; mulheres poderosas desempenharam importantes papéis em ambos os lados da longa batalha religiosa.

MÁRTIRES CRISTÃS

Após a morte de Henrique VIII, fundador da Igreja Anglicana e responsável pela separação da Igreja Romana, seu filho Eduardo VI ascendeu ao trono e determinou que a liturgia em inglês fosse estabelecida na nação. A ordem real declarava, entre outras coisas:

> Porquanto sua graciosa majestade, nosso pai, o rei Enrique VIII, que, ao levar em consideração a escravidão e o pesado jugo que os seus leais e fiéis súditos suportaram sob a jurisdição do bispo de Roma, como diversas histórias imaginárias e mentirosos prodígios desviavam os nossos súditos, ao retirarem os pecados de nossas nações com suas indulgências e perdões comprados com dinheiro e se propuseram a abrigar todos os malvados vícios como roubos, rebeliões, furtos, fornicações, blasfêmias, idolatrias e outros semelhantes a estes, sua graciosa majestade, nosso pai, dissolveu, por esta causa, todos os conventos, mosteiros, abadias e outras pretensas casas de religião, por serem lugares onde mais se criavam vícios ou o luxo, ao invés da sagrada erudição.[5]

Os cultos começaram a ser celebrados em inglês; a Bíblia era distribuída pela influência de Catarina Parr, a última esposa de Henrique VIII, que era responsável pelo Salão Protestante na Corte. Até mesmo o jovem rei Eduardo VI, educado por ela, era um dedicado cristão e temia a volta do controle de Roma no país.

Portanto, aconselhado por seu tio, o chamado Lorde Protetor, Eduardo Seymour, e pelos membros do seu Conselho Privado, fez um testamento, outorgando a coroa inglesa à Lady Jane, sobrinha-neta de seu pai, para evitar a sucessão de suas duas meias-irmãs, Maria e Elizabeth, pelo temor da volta do sistema do papado.

Contudo, após sua morte prematura, ocorreram acontecimentos terríveis que causaram um lamento geral na Inglaterra. Maria Tudor, a primogênita do seu pai, tinha direito a tomar as rédeas do governo, e foi o que fez, promovendo uma perseguição sangrenta aos protestantes.

MÁRTIRES NA ÉPOCA DA REFORMA

Como filha de Catarina de Aragão e por ela educada, levou novamente a Igreja ao domínio de Roma e endureceu a perseguição à "heresia" em seu país, o que resultou no martírio de líderes da Reforma inglesa, como Thomas Cranmer, Hugh Latimer e Nicholas Ridley, que foi animado por Latimer: "Bom ânimo, Ridley, e não mostre medo. Neste dia, pela graça de Deus, vamos acender na Inglaterra uma vela que, creio eu, jamais será apagada".[6]

A rainha, chamada de Maria Sanguinária, foi sucedida pela irmã Elizabeth I, que, apesar da posição mais protestante, perseguia os grupos religiosos que se recusavam a seguir as prescrições paternas sobre a adoração. Foram tempos difíceis, nos quais os monarcas politizavam a doutrina cristã e os tementes manifestavam profunda decepção religiosa. Homens e mulheres enfrentavam amargas consequências por seguir suas convicções pessoais de fé.

Entre as mártires da época do rei Henrique VIII, encontra-se Anne Askew, uma nobre luterana, e na época do reinado da rainha Maria I, foi decapitada sua prima e ex-rainha Jane Grey, por ser protestante.

Em contraposição às nobres, enfocam-se também mulheres do povo, como Joan Waste, uma jovem pobre, piedosa e cega de nascença; Agnes Prest, uma simples mulher temente e fiel ao evangelho, Joyce Lewes, que se tornou protestante por indignação ao fútil caso que motivou um martírio, e a huguenote Filipina de Luns.

REFORMADORAS

Anne Askew (1521-1546): uma mulher à frente do seu tempo[7]

> "Tornei a responder-lhe que preferia morrer a ir contra a minha fé."[8]

Quando ela foi trazida pela primeira vez perante o prefeito de Londres, ele lhe perguntou: "Você, mulher tola, diz que os

103

sacerdotes não podem fazer o corpo de Cristo?". Sempre pronta [...], Anne respondeu: "Digo isso, meu Senhor; pois li que Deus fez o homem; mas que esse homem possa fazer Deus, eu nunca li, nem, suponho, jamais lerei". Ela persistiu nessa opinião apesar da tortura, respondendo a muitos dos argumentos de seu oponente com citações das Escrituras, as quais conhecia bem.[9]

Anne nasceu em 1521, na cidade de Lincolnshire, Inglaterra. Era filha de Willian Askew, um rico latifundiário e cortesão de Henrique VIII, e de Elizabeth Wrotessley. Foi a quarta entre cinco filhos. Seu pai servia na corte do rei Henrique VIII e com ele compartilhava estreitos laços familiares.

Anne ficou órfã de mãe bem nova. Ela e seus irmãos foram educados com os padrões humanistas cristãos, e ela se tornou uma mulher que "tinha uma mente inquisitiva, grande fé e sinceridade e estava disposta a se levantar e pregar, apesar de saber que, como uma mulher de posição social elevada, isso atrairia a atenção das autoridades".

Por questões financeiras, Anne foi forçada a se casar com Thomas Kyme, que era católico e filho de um latifundiário rico. Após sua conversão ao protestantismo, o marido se irou contra ela, passando a hostilizá-la e terminando por expulsá-la de casa.

Anne decidiu que queria o divórcio; para reivindicar tal pedido, foi para Londres no final de 1544, deixando seus dois filhos. Depois de sofrer muitas perseguições, inclusive por parte do próprio esposo, percebeu que não conseguiria concretizar a separação e abandonou a ideia. Porém, deixou de usar o sobrenome Kyme do esposo e voltou a usar o sobrenome de solteira, Askew.

Anne Askew estabeleceu um novo modo de ser mulher, até certo ponto redefinindo o seu estatuto na Igreja e na sociedade. Ao acreditar que fora chamada para ser testemunha de Deus, Anne Askew não podia acatar imposições de silenciamento e de obediência. O exemplo de Anne Askew não foi esquecido pelas mulheres das gerações dos séculos subsequentes.[10]

Ela era uma mulher inteligente e aprendia com facilidade. O seu acesso à leitura e ao estudo das Escrituras a levou rapidamente a descobrir inúmeras contradições entre as doutrinas e práticas da Igreja Católica e os ensinos contidos na Bíblia.

Em Londres, teve a oportunidade de assistir a sermões de reformadores e de participar de reuniões religiosas, nas quais a nova fé era debatida. E é bem provável que tenha feito parte do "Salão Protestante", um grupo formado pela rainha Catarina Parr, a sexta esposa de Henrique VIII, que se reunia nos aposentos reais para estudo bíblico.

As perseguições sofridas por Anne naquela cidade foram ainda maiores por causa dessa sua suposta relação com a rainha. Os opositores da doutrina da Reforma buscavam uma maneira de denunciar a esposa do rei, assim como outras pessoas do palácio.

Anne se recusava a ficar em silêncio quando havia debates públicos. Ao viajar para Londres, por conta de seu divórcio, também o fez para pregar. Era uma tarefa difícil, pois as mulheres não tinham voz em questões políticas ou religiosas; se quisessem discutir ou saber sobre tais assuntos, deviam fazê-lo apenas com seus pais, esposos ou irmãos.

Presa por duas vezes, Anne foi terrivelmente torturada no *rack*, ou balcão do estiramento, mas não delatou ninguém. Seus captores esperavam que a tortura a fizesse confessar, o que não aconteceu. Ela foi então esticada cerca de 10 cm acima do balcão. Askew desmaiou de dor, mas retomou a consciência. Isso aconteceu duas vezes. Eles giraram as roldanas com tanta força, que seus ombros e quadris foram arrancados de seus lugares, e seus cotovelos e joelhos foram deslocados. Mesmo assim, não delatou ninguém.

Conduziram-me depois para uma casa e deitaram-me numa cama. Estava com os ossos tão cansados e doloridos como os do paciente Jó. Agradeço a Deus por isso. Então Milorde Chanceler mandou-me um recado. Se eu abandonasse minha opinião, nada me haveria de faltar; caso contrário, eu seria de imediato enviada para Newgate e depois queimada. Tornei a responder-lhe que preferia morrer a ir contra a minha fé.[11]

Além de não denunciar ninguém, sua negação da transubstanciação corroborou para que sua segunda vez na prisão fosse mais cruel. Muitos haviam sido queimados por negar a "presença real" na sagrada comunhão, pois era contra o que estava nos "Seis Artigos"[12] do rei, mas isso não intimidou a corajosa Anne.

Ela cria receber o pão em memória da morte de Cristo e em ação de graças, e causava espanto aos seus examinadores por seu conhecimento das Escrituras.

Anne foi levada de Newgate para a Torre de Londres, onde foi novamente torturada; mesmo assim, não delatou ninguém. Não era do interesse das autoridades executá-la, pois temia-se que sua postura firme diante da morte serviria somente para fortalecer ainda mais a causa dos reformadores.

Pela lei, era proibida a tortura de mulheres da aristocracia, e o fato de Anne pertencer à pequena nobreza agravava ainda mais essa situação. Uma prova disso é que, no dia marcado para sua execução, ainda lhe foram trazidas cartas oferecendo "perdão" se ela se retratasse e negasse sua crença.

Naquela época, as mulheres nobres eram muito ativas, tanto as católicas quanto as protestantes, e o exemplo de Anne só incentivaria que mais mulheres se engajassem na luta por sua fé. Obviamente, Anne recusou as cartas de perdão, continuando a sofrer nas mãos dos inquisidores.

Como resultado de tanta tortura, Anne não conseguia mais andar, e precisou ser carregada em uma cadeira no dia de sua execução, tendo sido presa à estaca por uma corrente que a amarrava.

No dia 16 de julho de 1546, aos 25 anos, ela foi condenada à morte na fogueira em Smithfield, perto do muro de Londres. Com ela, foram executadas outras sete pessoas por negarem a transubstanciação.

Um sermão foi pregado enquanto os "hereges" iam sendo consumidos pelo fogo. Quando o pregador falou algo com o qual Anne não concordava, ela teve uma última oportunidade de demonstrar sua coragem, afirmando: "Observem. Ele erra, e fala sem o livro (Bíblia)".

Nem diante do fim ela se abalou, mantendo-se firme e não se retratando para obter o perdão do rei. Com apenas 25 anos, Anne foi queimada na frente de uma grande multidão. Ali estavam seus amigos, que testemunharam sua coragem, firmeza e constância na fé, sendo inspirados a prosseguir firmes na luta a favor da liberdade religiosa. Essas testemunhas oculares foram importantes para que a verdadeira história dela fosse conhecida.

A publicação das *Confissões de Anne* por John Bale em 1546-1547 contribuiu para que sua memória fosse preservada. O seu posicionamento contra a Igreja estabelecida deixou um legado que não foi esquecido pelos que observaram, na constância de sua fé, a força de Deus manifesta através de sua fraqueza e um exemplo singular de fidelidade cristã.

Acredita-se que a execução de Anne culminou em mil novas conversões. Ao calar sua voz, não denunciando suas companheiras de fé, mas erguendo-a para confrontar os absurdos impostos pela Igreja, ela se tornou inspiração e consolo para as demais mulheres perseguidas — tanto em sua época como nos anos vindouros. E hoje, ainda que por poucos, Anne Askew é lembrada por seu martírio na defesa do que as Sagradas Escrituras lhe revelaram de seu Deus e Senhor.

Jane Grey (1537-1554)[13]

> "Espero ser salva somente pela misericórdia de Deus, através do sangue de seu único filho Jesus Cristo, e não por qualquer outro meio."[14]

Povo bom, vim aqui para morrer, por ter sido condenada por uma lei. O que foi feito contra a majestade da rainha foi ilegítimo, e eu concordei com a situação; porém, quanto à tomada da decisão, e o desejo da mesma por mim ou a meu favor, lavo neste dia as minhas mãos em minha inocência diante de Deus e diante de vós, boa gente cristã. Peço a todos vós, boa gente cristã, que me sejais testemunhas de que morro como uma boa mulher cristã.[15]

Jane Grey nasceu em 1537 na cidade de Leicestershire, na Inglaterra. Ela era filha dos duques de Suffolk, Henry Grey e Frances, que era filha de Maria Tudor, irmã de Henrique VIII. Portanto, Jane era sobrinha-neta do rei, e recebeu seu nome em homenagem a então rainha, Jane Seymour, terceira esposa de Henrique e mãe de Eduardo, seu sucessor.

Jane era a quarta na linha de sucessão ao trono, logo após os três filhos do rei. Seus pais aspiravam uma posição superior entre os nobres e tinham a ambição de que a filha chegasse ao trono de uma forma mais rápida, que seria pelo seu casamento com Eduardo.

Para que tivessem êxito em seus planos, garantiram que ela tivesse uma educação rígida e apropriada para sua linhagem real, dominando línguas como latim, grego, francês e italiano, o que a tornaria uma boa pretendente real.

> Lady Jane Grey é outro exemplo de excelência de educação humanista feminina. Os pais [...] impuseram-lhe uma rigorosa educação, aparentemente por nutrirem esperanças no eventual

MÁRTIRES NA ÉPOCA DA REFORMA

casamento da filha com o príncipe herdeiro, Eduardo Tudor. O primeiro tutor de Lady Jane Grey foi Master Harding, capelão do pai, que lhe ensinou latim, línguas modernas (espanhol e francês) e teologia. Lady Jane era uma aluna empenhada e brilhante. John Aylmer, seu outro tutor, dizia considerar o tempo que com ela passou um dos maiores benefícios que Deus lhe concedeu.[16]

Nessa época era muito comum que os jovens fossem levados para viver nas casas das famílias de posições mais elevadas, garantindo-lhes uma educação melhor e diferenciada. Era também uma forma de conseguir, para os filhos, boas posições na corte; para as filhas, melhores casamentos. Sendo assim, os pais de Jane a deixaram sob a tutela da rainha Catarina Parr, quando tinha apenas nove anos.

A pequena Jane passou dois anos sob os cuidados da rainha, o que coincidiu com os anos de maior zelo religioso na Corte. Ela participava do "Salão Protestante" de Parr, e foi "sob a influência das práticas humanistas cristãs dos elementos do 'Salão' protestante de Catarina Parr, para quem a leitura da Bíblia era de importância central à devoção cristã, que Lady Jane Grey desenvolveu a sua apetência pelos estudos humanistas e se converteu à fé protestante".[17]

Com a morte de Henrique VIII e a frágil saúde de Eduardo VI, o pai de Jane e o ministro John Dudley temeram pelo futuro, pois, se Maria ocupasse o trono e colocasse o catolicismo novamente na linha de frente, eles correriam riscos por apoiar os protestantes.

Para evitar que isso acontecesse, Dudley arquitetou um plano para manter seu poder e posição. Jane era sua esperança, portanto convenceu os pais dela a permitirem que ela se casasse com o seu filho, Guildford, o que ocorreu em 25 de maio de 1553.

109

MÁRTIRES CRISTÃS

Sabendo que o rei estava em seus últimos dias, o ministro o influenciou a mudar o testamento de seu pai, deserdando suas duas meias-irmãs, Maria e Elisabeth, e declarando Jane Grey sua herdeira e sucessora. Apenas algumas semanas depois do casamento de Jane, Eduardo morreu, aos 15 anos.

Jane ficou sabendo da morte de seu primo somente três dias depois, quando foi chamada à casa do primeiro-ministro. Ao chegar, o local se encheu de pessoas conhecidas e membros do conselho privado, "todos jurando defender, com a própria vida, o direito dela ao trono".[18]

A jovem, que já estava muito comovida com a morte de Eduardo, ficou ainda mais chocada ao saber que fora proclamada rainha. Firmemente, Jane se recusou a assumir tal posição, alegando que Maria, e não ela, era quem tinha o direito de ser rainha. Mas Dudley a convenceu, informando-lhe que o testamento de Eduardo a nomeava a nova rainha.

Seus pais exigiram que ela aceitasse; diante da pressão, Jane se ajoelhou em oração e afirmou que aceitaria tal posição, já que era legítima, e que contava com a graça de Deus para governar para sua glória, serviço e benefício do reino.

O povo recebeu com surpresa a notícia de que Jane Grey era a nova rainha da Inglaterra, pois ela não era muito conhecida, e consideravam Maria a herdeira legítima. Seu reinado durou apenas alguns dias, de 9 a 19 de julho de 1553. Nesse período, participou de alguns compromissos e assinou documentos.

A princesa Maria, ao saber da coroação de sua prima, enviou um de seus homens para ordenar a Dudley que proclamasse por toda a Inglaterra que ela, sim, era a nova rainha. Ele se recusou, obrigando Maria a lutar pela coroa.

A maioria dos políticos não viu essa disputa com bons olhos; facilmente, a primogênita de Henrique VIII conseguiu o apoio de muitos. Ela foi para Londres, seguida por um exército, a fim de tomar o trono de Jane. Seu poder era tão grande, que quase todos retiraram seu apoio a Dudley e a reconheceram como rainha legítima.

Jane se sentiu aliviada por ser deposta, e estava pronta para voltar para casa. No entanto, sua prima, Maria I, a enviou para a prisão na Torre de Londres. Foram presos também seu sogro, John Dudley, seu esposo, Guildford, e alguns correligionários acusados de traição.

Dudley, interessado no perdão real, logo se retratou de suas crenças protestantes, admitindo que havia cometido um erro e que havia sido seduzido por tais doutrinas. Sua reivindicação do direito de ir à missa foi prontamente atendida. No entanto, não conseguiu escapar da morte, sendo decapitado no mês seguinte.

O julgamento de Jane e de seu esposo foi em 13 de novembro. Ambos foram considerados culpados e receberam a sentença de morte. A rainha Maria I, interessada em "salvar" a alma de Jane, mandou um dos capelães mais capacitados, John Feckenman, para convencê-la de seus erros teológicos.

Ele era um católico experiente e já havia debatido com muitos teólogos protestantes. Como Jane era jovem, era possível que ele cresse que seria fácil usar seus argumentos para demonstrar os enganos dela. Mas não foi o que aconteceu. Eles discutiram os principais pontos de divergência entre o catolicismo e o protestantismo, e ela foi bem firme:

Trecho do interrogatório de Jane Grey

Feckenham: *Não há nada mais necessário em um cristão além de crer em Deus?*

Jane: *Sim, devemos crer nele e amá-lo de todo o coração, de toda a nossa alma e de todo o nosso entendimento, e ao nosso próximo como a nós mesmos.*

Feckenham: *Por que, então, a fé não justifica nem salva?*

Jane: *De fato, somente a fé (como São Paulo afirma) justifica. [...]*

Feckenham: *Por que, então, é necessário fazer boas obras para a salvação, e crer apenas não é suficiente?*

Jane: *Isso eu nego e afirmo que somente a fé salva. Mas é apropriado para os cristãos, como sinal de que eles seguem seu mestre, Cristo, fazer boas obras, ainda que, apesar disso, não possamos dizer que elas tenham proveito para a salvação. Pois, embora todos nós façamos tudo o que podemos, ainda assim somos servos inúteis, e somente a fé no sangue de Cristo salva.*[19]

O capelão também a questionou sobre a eucaristia, afirmando que os elementos eram o próprio corpo e sangue de Cristo, e que as palavras do mestre confirmavam isso: "Tomai, comei: isso é o meu corpo".[20] Ele indagou se Cristo, com seu poder, não poderia fazer tal milagre, assim como fez outros. A resposta dela foi:

Sim, de fato, se Deus desejasse fazer um milagre em sua ceia, poderia ter feito, mas afirmo que ele não tinha em mente qualquer obra ou milagre além de partir seu corpo e derramar seu sangue na cruz pelos nossos pecados. Mas peço que você me responda a esta única pergunta: Onde estava Cristo quando disse: "Tomai, comei, isso é o meu corpo"? Ele não estava à mesa quando disse isso? Ele estava vivo naquele momento, e só no dia seguinte começou o sofrimento. Bem, o que ele tomou a não ser pão? E o que ele partiu a não ser pão? E o que ele deu além de pão? Veja, o que ele tomou, ele partiu, e veja, o que ele partiu, ele deu; e veja, o que ele deu, foi isso que eles realmente comeram; no entanto, tudo isso enquanto ele mesmo estava na ceia perante os seus discípulos; se não foi assim, eles foram enganados.[21]

O experiente capelão não conseguiu que Jane mudasse de ideia — pelo contrário, suas respostas bem-articuladas mostravam convicção e conhecimento verdadeiro das Escrituras. Então, ele encerrou a conversa, sem sucesso, e se despediu de forma pesarosa, dizendo: "Tenho certeza de que nunca mais nos encontraremos"; ao que ela respondeu: "É verdade que nunca nos encontraremos, a não ser que Deus transforme seu coração; pois estou certa de que, a menos que você se arrependa e se volte para Deus, você está em uma má situação".[22]

Jane escreveu, na véspera de sua morte, uma carta à sua irmã, aconselhando-a: "[...] Ao se aproximar a minha morte, alegre-se como eu, boa irmã, que eu seja liberta desta corrupção e levada à incorrupção. Pois estou certa de que, ao perder uma vida mortal, ganharei a vida que é imortal".[23]

Feckenham, que havia se comovido com os argumentos de Jane, estava ao seu lado no dia da execução, assim como outros capelães católicos. Ela dirigiu algumas palavras a eles e assegurou que morria como uma cristã genuína. Perguntou se podia recitar o Salmo 51 e lhe foi permitido. Assim, ajoelhou-se e o recitou em inglês, para que todos os presentes entendessem. Feckenham o repetiu em latim.

Logo após, Jane lhe disse: "Rogo a Deus que ele lhe recompense abundantemente por sua bondade em meu favor."[24] Sem palavras para lhe responder, ele começou a chorar. Percebendo sua angústia, ela lhe deu um beijo no rosto e segurou sua mão, e por alguns instantes o capelão católico romano e a rainha protestante permaneceram de mãos dadas.

A jovem declarou:

> Se a justiça foi feita com meu corpo, minha alma encontrará a misericórdia em Deus. A morte trará dor ao meu corpo pelos seus pecados, mas a alma será justificada perante Deus. Se as minhas falhas merecem punição, pelo menos minha juventude e minha imprudência foram dignas de perdão; Deus e a posteridade me mostrarão favor."[25]

O momento de sua execução foi tão comovente, que até o carrasco lhe pediu perdão. Jane Grey gritou suas últimas palavras com voz nítida: "Senhor, em tuas mãos entrego o meu espírito", sendo executada logo em seguida.

Ela tinha apenas 16 anos; mesmo tão jovem, buscou servir a Deus de todo o coração. Foi uma ávida conhecedora e praticante das Escrituras que não mudou sua conduta ao ser coroada rainha, e sua fé não enfraqueceu quando se tornou uma prisioneira.

Jane Grey foi fiel até o fim e morreu como uma mártir. Sua morte teve muito mais impacto do que seu breve reinado. Ela viveu poucos anos neste mundo, mas morreu confiando que viveria eternamente junto de seu salvador.

Joan Waste (Joane Wafte,[26] 1534-1556)[27]

"A bondade de Deus para com Joan Waste foi tal, que ele redimiu sua vida e tirou sua cegueira física dando olhos espirituais para vê-lo e buscar sua face."[28]

Encarregada de prestar contas de suas ações, Joan declarou em primeiro lugar (de uma forma que lembra Lutero) que ela acreditava apenas nas coisas ensinadas pelas Sagradas Escrituras e por homens piedosos e crentes na Bíblia.[29]

Joan Waste foi uma das cerca de trezentas pessoas queimadas na fogueira por heresia durante as perseguições do reinado de Maria I. Embora tenha vivido por apenas 22 anos, testemunhou sua fé firme e seu apreço pelas Escrituras.

Era filha de William Waste, um barbeiro pobre e honesto que também foi fabricantes de cordas. Ela nasceu cega e era gêmea de seu irmão, Roger. Nunca ficava ociosa; na adolescência, aprendeu a tricotar muito bem, ajudando seu pai a trançar cordas.

Após perder os pais, Joan e seu irmão cuidaram um do outro. A jovem era piedosa; depois de ouvir muitos cultos em inglês durante o curto reinado de Eduardo VI, que foi conhecido como o "Josias inglês", por seu caráter notável, logo se converteu a Cristo, ganhando olhos de uma fé salvadora.

Ela queria muito aprender mais sobre a Bíblia, portanto trabalhou bastante e economizou dinheiro para adquirir um exemplar do Novo Testamento. Como não conseguia ler o livro sozinha, fez amizade com John Hurt, um prisioneiro de 70 anos, que lia para ela. Quando ele se tornou demasiado doente para ler, ela ia a pé para a Igreja Paroquial de Todos os Santos (atual Catedral de Derby) e pedia auxílio com a leitura bíblica para os fiéis de lá.

Apesar de cega, Joan conseguia sem ajuda nenhuma chegar a qualquer igreja para fazer seu exercício de leitura bíblica. Ela sabia de cor muitos capítulos do Novo Testamento e sabia também debater com competência, usando as passagens das Escrituras. A jovem condenava o pecado e os abusos religiosos.

Após a morte do rei, no início de 1553, e com a ascensão ao trono de sua irmã católica, a rainha Maria I, as leis que respeitavam a liberdade de religião foram abolidas, e a participação na missa romana foi novamente obrigatória. Joan se recusou a comparecer; assim, com apenas 22 anos, ela foi intimada a estar perante o bispo e o chanceler dr. Draicot, sob acusação de heresia.

Joan foi presa, mas não se retratou, dizendo que eles fizessem o que desejassem, pois estava preparada para responder sobre o que cria no dia do julgamento final. Enviada para a prisão em Derby por cerca de um mês, ficou aguardando o julgamento, até que foi declarada uma herege. Ao comparecer diante das autoridades religiosas para defender seus pontos de vista, foi condenada por oposição aos serviços em latim, aquisição do Novo Testamento e negação da doutrina da transubstanciação. No dia de sua sentença, o dr. Draicot afirmou:

> "Esta mulher está condenada por negar o Sacramento do Altar como sendo o próprio corpo e sangue de Cristo, real e

substancialmente, e por isso é cortada do corpo da Igreja Católica. Ela não é apenas cega fisicamente, mas também cega espiritualmente. E, como seu corpo em breve será consumido pelo fogo material, sua alma será queimada no inferno com fogo eterno, assim que se separar do corpo. Lá permanecerá eternamente". Ele proibiu a todos de orar por ela, fazendo ameaças terríveis contra qualquer um que se atrevesse a fazê-lo. Finalmente, deu a ordem para a queimar até a morte.[30]

Na manhã de 1º de agosto de 1556, seu irmão caminhou com ela enquanto Joan se dirigia ao local de sua morte. A execução pública ocorreu em Windmill Pit, que era conhecido como "o poço da provação", onde foi pendurada sobre o fogo com uma corda, caindo dentro da fogueira quando a corda queimou.

Foi feito um memorial para ela na igreja de Bircover, e foi colocada uma placa que marca o local de sua execução, em fevereiro de 2017.

Agnes Prest (?-1557)[31]

> "Deus, tenha piedade de mim, pecadora!"[32]

Deus não quer que eu perca a vida eterna por causa desta vida carnal e breve. Nunca me apartarei de meu esposo celestial por causa de meu esposo terrestre. Nunca me apartarei da comunhão dos anjos por causa de meus filhos mortais. E, se o meu marido e os meus filhos forem fiéis, então eu sou deles. Deus é o meu Pai; é como se ele fosse meu irmão, irmã, meu parente; Deus é meu amigo, o mais fiel.[33]

Muitas mártires não foram nomeadas, isto é, não tiveram direito ao registro de seus nomes. Foram chamadas simplesmente de "aquelas mulheres de Roma"; "uma piedosa mulher que foi queimada viva"; outras foram conhecidas somente pelo sobrenome dos esposos, como a senhora Prest, citada pelo historiador John Foxe, escritor do Livro dos Mártires, que viveu no século 16 e testemunhou as perseguições àqueles que aceitavam a doutrina reformada.

Através de outras fontes, contudo, descobre-se que o nome dela era Agnes, e que por seu belo testemunho de firmeza na fé foi-lhe erguido um monumento que retrata seu martírio. John Foxe relatou que ela tinha baixa estatura; estava aproximadamente com 54 anos quando de sua prisão; era alegre, ativa, bem-preparada e ansiosa pelo dia de seu martírio.

Não se sabe quando ou onde nasceu a senhora Prest, somente que viveu por um tempo na Cornualha e que foi martirizada no reinado da rainha Maria I, da Inglaterra.

> Os monarcas que se assentam sobre tronos possuídos por direito hereditário deveriam, mais do que ninguém, considerar que as leis da Natureza foram estabelecidas por Deus e que, por essa razão, a primeira delas é a preservação de seus súditos. As táticas de perseguição, de tortura e morte deveriam ser deixadas para os que alcançaram a soberania por meio de fraudes ou da espada. Porém, onde, exceto entre uns poucos imperadores romanos loucos e pontífices católicos, encontraremos alguém cuja memória esteja tão "maldita com uma fama eterna", como a da rainha Maria?[34]

Aquela senhora frequentava a igreja romana com seu esposo e filhos, até que sua consciência, convicção bíblica e a perseguição movida por sua própria família a fizeram abandonar a Igreja. Com o aumento da pressão para ir à missa, confessar-se e participar de procissões, Agnes finalmente fugiu de sua casa.

Ela passou a ganhar a vida como tecelã e andava pelas ruas falando de Jesus. Presa, foi levada a Exeter, para ser interrogada, sendo arguida sobre aquela fuga:

Trecho do interrogatório de Agnes Prest

Bispo: *Mulher insensata! Quem desperdiçará o alento contigo ou com aquelas pessoas que são como tu? Contudo, por que te afastaste de teu marido? Se fosses uma mulher honrada, não terias deixado teu esposo e teus filhos para sair pelo país como se fosses uma fugitiva.*

Senhora Prest: *Senhor, trabalhei para viver, e o meu Senhor Jesus Cristo aconselha que, quando nos perseguirem em uma cidade, fujamos para outra.*

Bispo: *Quem te perseguia?*

Senhora Prest: *O meu marido e os meus filhos. Porque, quando eu quis que eles abandonassem a idolatria e adorassem ao Deus do Céu, não me quiseram escutar, mas me repreenderam e angustiaram. Não fugi para me prostituir, nem para roubar, senão porque não queria ter parte com o meu marido e filhos na abominável idolatria da missa. E ali, para onde fui, e tão frequentemente como pude, aos domingos e em festividades, dava escusas para não ir à igreja papista.*

Bispo: *Que boa mulher és, fugitiva de teu marido e da igreja.*

Senhora Prest: *Quem sabe eu não seja uma excelente dona de casa; porém Deus me deu a graça de ir à verdadeira igreja.*

Bispo: *Verdadeira igreja... o que queres dizer com isto?*

Senhora Prest: *Não me refiro à vossa igreja papista, repleta de ídolos e abominações, mas ali onde estiverem dois ou três reunidos em o nome de Jesus; a essa igreja irei enquanto viver. [...]*

Sobre o pão e o vinho, que o bispo afirmava serem carne e sangue de Jesus, ela respondeu:

Perguntarei a vós, se podeis negar vosso credo, que diz que Cristo está perpetuamente assentado à destra de seu Pai, em corpo e alma, até que volte; ou que ele está no Céu como nosso advogado, para interceder por nós diante de Deus, o seu Pai. Se assim é,

MÁRTIRES NA ÉPOCA DA REFORMA

ele não está na Terra em um pedaço de pão. Se ele não está aqui, e se não habita em templos feitos por mãos humanas, mas no Céu, então o que diremos? [...] Se ele deve ser adorado em espírito e em verdade, por que adorais a um pedaço de pão? [...] Ah, sou uma pobre mulher; porém, antes de fazer o que dizeis que deve ser feito, prefiro não viver mais. Já conclui, senhor.[35]

Considerada uma pessoa simples, sua argumentação consistente e cheia de fé atraiu a atenção do clero romano. Colocada em liberdade, continuou a denunciar tudo que achava incorreto na Igreja e debatia com os sacerdotes, dizendo que eles prometiam perdão dos pecados em troca de dinheiro e realizavam missas em favor das almas do povo crédulo. Sempre pregava a Cristo, afirmando que só ele era o Salvador.

Novamente encarcerada, não pôde mais desfrutar de liberdade. Enquanto esteve presa, recebeu visitas de pessoas respeitáveis que testificaram de sua conversão e caráter. Uma delas foi Catherine Raleigh, a mãe de Walter Raleigh,[36] que a elogiou por sua vida espiritual. Sua sabedoria só não era maior que sua simplicidade.

Agnes tudo suportou: prisão, ameaças, escárnio, insultos, mas nada disso a fez renegar sua fé. Ela sabia dizer o capítulo e o versículo de qualquer texto das Escrituras. Contudo, apesar de sua sabedoria e boa memória, era considerada somente alguém pobre e analfabeta, e várias vezes foi exortada a abandonar suas opiniões, ao que respondia: "Ainda que não tenha cultura, estou feliz por ser testemunha da morte de Cristo, e espero que não tardeis mais comigo, porque o meu coração está firme e jamais direi algo diferente, nem me voltarei aos vossos caminhos de superstição".[37]

Agnes foi julgada no Guildhall,[38] diante de John Petre, prefeito de Exeter, e na presença do bispo Touberville. Condenada por heresia, principalmente contra o "sacramento do altar" e por discursar contra os ídolos, recebeu uma sentença de condenação à morte pelas chamas. Ela, contudo, louvou a Deus, dizendo que

MÁRTIRES CRISTÃS

finalmente encontrara o que há tanto tempo buscava. Levada ao local da execução, fora das muralhas de Exeter, foi atada à estaca e suportou pacientemente a fogueira, rogando a Deus que tivesse piedade dela.

Uma multidão incontável se reuniu para assistir à sua execução. Os sacerdotes novamente tentaram convencê-la, mas ela permaneceu firme. Em suas últimas palavras, recitou um dos versículos que escondia em seu coração: "Eu sou a ressurreição e a vida. Quem crê em mim, ainda que morra, viverá" (João 11.25).[39] Agnes foi queimada até a morte, em 15 de agosto de 1557.

Sua imutável fidelidade à causa de Cristo foi elogiada; seu desapego à família e aos bens testificaram sua convicção e seu compromisso com o reino de Deus. Ela não se preocupava com recursos materiais e recusava ajuda financeira, afirmando: "Vou a uma cidade onde o vil metal não tem poder, e, enquanto estiver aqui, Deus prometeu alimentar-me".[40] Belo exemplo de dependência divina.

Agnes Prest é lembrada em um monumento de 1909, com o mártir protestante Thomas Benet, que, como Lutero, afixou seu protesto na porta da catedral de Exeter, em 1531. O monumento, com o formato de um obelisco em granito, erguido naquela cidade, foi projetado pelo arquiteto eclesiástico Harry Hems, que também produziu os painéis de bronze esculpidos em relevo, um retratando Agnes Prest sendo queimada na fogueira e outro retratando Thomas Benet pregando seu protesto.

Nas placas de bronze está escrito: "Em grata lembrança de Thomas Benet, que foi martirizado em Livery Dole, em 1531, por negar a supremacia do papa, e de Agnes Prest, que foi martirizada em Southernhay, em 1557, por se recusar a aceitar a doutrina da transubstanciação".[41]

Para a Glória de Deus
e honra de suas testemunhas fiéis,

que, perto deste local, entregaram seus corpos
para serem queimados por amor a Cristo e
em reivindicação dos princípios da Reforma Protestante,
este monumento foi erguido por subscrição pública.
AD 1909 — "Estando mortos, ainda falam".[42]

Joyce Lewes (Jocasta Lewis, ?-1557)[43]

"Certa de que contemplarei a adorável face de Cristo, o meu amado Salvador, o rosto feio da morte já não me preocupa tanto."[44]

(**Joyce**) cansou-se de sua vida anterior de pecados e resolveu abandonar a missa e o culto idólatra. Mesmo forçada pelo marido a ir à igreja, o seu menosprezo pela água benta e por outras cerimônias era tão evidente, que foi acusada perante o bispo de desprezar os sacramentos.[45]

Filha única de Thomas e Anne Curzon, de Croxall, em Staffordshire, Joyce casou-se com George Appleby e teve dois filhos. Seu marido morreu em 1547; posteriormente, ela se casou com Thomas Lewis, de Mancetter. Joyce era católica, mas questionou sua crença, profundamente impressionada com o testemunho do mártir Lawrence Sanders, queimado na estaca, em Conventry, por não participar da missa e desaprovar os rituais romanos.

No começo do reinado da rainha Maria, a Sanguinária, Joyce ia à igreja e participava da missa, mas, após aquele martírio, prestou mais atenção ao assunto e perguntou por que Lawrence Sanders fora morto. Informada de que fora por sua recusa em receber a hóstia, ela começou a ter problemas de consciência e, em sua inquietude, foi atraída ao protestantismo.

A conversão dela foi apoiada por Robert Grovers, irmão de outro mártir que morrera no mesmo ano. Sua devoção anterior ao

MÁRTIRES CRISTÃS

catolicismo foi substituída por um comportamento irreverente na igreja, como evitar ser aspergida pela água benta, o que chegou ao conhecimento do bispo de Lichfield, Ralph Baines.

Imediatamente foi-lhe enviada uma convocação para que comparecesse perante o bispo. Seu esposo, uma pessoa irascível, ficou tão irritado com o portador, que colocou uma adaga no coração dele e exigiu que comesse a citação judicial.

Após esse ocorrido, foi ordenado ao marido e à esposa que comparecessem perante a autoridade eclesiástica. Thomas Lewes se submeteu e se desculpou da melhor maneira possível. O bispo impôs a condição de que a esposa também se submetesse. Mas ela disse com firmeza que, ao recusar a água benta, não havia ofendido a Deus nem às suas leis.

O bispo deu-lhe um mês para reflexão e aplicou uma multa ao marido de cem libras. Joyce entregou-se à mais diligente oração e à invocação do nome de Deus, recorrendo de forma contínua ao seu conselheiro, o mestre John Glover, que a instruiu com as Escrituras diligentemente, orientando-a para nunca se vangloriar por causa de sua classe social e ser sempre submissa à vontade do Senhor.

Com a chegada do término do mês que lhe fora dado, seu marido foi orientado a não a entregar ao bispo, mas a buscar alguma maneira de salvá-la, mesmo que precisasse pagar grande soma de dinheiro. Lewes, no entanto, respondeu que nada perderia por causa dela; como um assassino, carregou-a até o bispo. Após interrogatório, Joyce mostrou-se mais firme do que antes de ser ameaçada com a morte. E, por não abjurar de sua fé, foi enviada para a prisão, onde foi interrogada diversas vezes.

O bispo argumentou com ela acerca de como era justo que fosse à missa e recebesse a eucaristia como algo sagrado, bem como os demais sacramentos. "Se essas coisas estivessem contidas na Palavra de Deus" disse, a sra. Lewes, "as receberia de todo o coração, crendo nelas e apreciando-as". O bispo lhe respondeu com a mais ignorante e ímpia insolência: "Se não queres crer em algo além do que já está justificado pelas Escrituras, estás em estado de condenação".[46]

Depois de sua sentença, que a declarou uma herege digna de ser queimada, permaneceu 12 meses na prisão. Quando se aproximava a hora de sua morte, o escrivão foi trazido de Londres e ela recebeu a visita de alguns amigos. Então, perguntou-lhes como deveria se comportar para que sua morte fosse gloriosa para o nome de Deus, confortável para seu povo e desconfortável para os inimigos do Senhor.

Na noite anterior ao seu martírio, dois sacerdotes foram ouvir sua confissão, porém Joyce não lhes permitiu, afirmando que já havia feito sua confissão a Cristo, seu Salvador, em cujas mãos estava segura do perdão de seus pecados.

Joyce passou a noite que antecedeu à sua morte maravilhosamente alegre, cheia do Espírito Santo, que expulsou todo o medo de seu coração. Ela orou, leu a Bíblia e conversou com aqueles que foram ficar com ela, para consolá-la com a palavra de Deus.

Ao amanhecer, chegando a hora de seu martírio, a senhora Lewes caminhou até o local de execução escoltada por um número incontável de homens e guiada por dois de seus amigos. Quando foi amarrada à estaca com uma corrente, demonstrava uma alegria tão grande, que ultrapassava a razão humana; estava com o rosto corado e sendo tão paciente, que a maioria das pessoas bondosas lamentou, com lágrimas, a tirania dos papistas.

Ao ser ateado fogo sobre seu corpo, em Richfield, no dia 18 de dezembro de 1557, ela não lutou nem se mexeu, mas apenas levantou as mãos para o céu, morrendo rapidamente.

EM CONCLUSÃO A ESTE CAPÍTULO, apresenta-se uma huguenote francesa (seguidora de Calvino). Os protestantes franceses eram calvinistas, em sua maioria, e foram chamados de

MÁRTIRES CRISTÃS

huguenotes. Sofreram muita perseguição, entrando na história por sua coragem e martírio, como ficou provado com a matança da noite de São Bartolomeu, em Paris, 1572, instigada por Catarina de Médicis, quando milhares de huguenotes foram mortos.

Filipina de Luns (Phillipine de Luns, 1534-1558)[47]

"Eu só creio no que está escrito no Antigo e no Novo Testamento."[48]

Em todos os lugares do reino acenderam-se fogueiras, e mulheres fracas iam para a tortura cantando salmos e confessando que somente Cristo é o Salvador. Enfrentando a morte, estavam as donzelas delicadas, com maior alegria do que se fossem ao altar. [...] A vista, enfim, desses espetáculos lúgubres, constantemente renovados, despertava emoções dolorosas não apenas nas classes populares, mas também nas mais altas esferas da sociedade. Assim é que, quando contemplavam nas praças públicas os corpos enegrecidos, pendurados em horríveis cadeias, tristes espólios de execuções, não podiam conter suas lágrimas, e, junto com seus olhos, seus corações também choravam.[49]

Filipina nasceu no interior da França, em Gasgogne; ainda bem jovem, casou-se com um nobre presbítero da Igreja Reformada: Von Graberon. O casal mudou-se para Paris e, lá, ela enviuvou-se com apenas 23 anos.

Os protestantes da época reuniam-se em casas, pois estavam sob proibição de cultuar em templos. Um dia, com 400 huguenotes reunidos em uma rua de Santiago, eles foram atacados; no confronto, alguns foram presos — entre eles encontrava-se Filipina, que demonstrou em todo o seu processo uma presença de espírito admirável.

Durante um ano ela permaneceu na masmorra, e seu único pedido foi ter uma Bíblia, a qual conhecia com profundidade, o que lhe permitiu responder muito bem aos interrogatórios.

Mais uma vez, registra-se aqui a resposta de uma mulher sobre a hóstia. Quando interrogada se cria que a hóstia era o corpo de Cristo, respondeu: "Como poderia ele, que enche os céus e a terra, estar contido em um pedaço de pão, que pode ser comido por um rato e envolto em teias de aranha?".[50]

A partir desse momento, Filipina foi colocada em confinamento solitário. Mais uma vez interrogada, suas respostas foram sábias e firmes:

— Você crê na missa? Ao que ela respondeu: — *Quanto a este sacramento, eu creio somente naquilo que é ensinado no Antigo e no Novo Testamento. Eu ainda não encontrei ali que a missa foi instituída por Deus.* — Você receberá a hóstia? — *Não, eu receberei apenas aquilo que Cristo instituiu.* – Quanto tempo faz desde que você se confessou a um sacerdote? — *Eu não me lembro, mas sei que tenho diariamente feito confissões ao meu Senhor. Outra confissão não é ordenada por Cristo, pois somente ele tem o poder para perdoar pecados.* — O que você crê com relação à oração à Virgem e aos santos? — *Eu não conheço nenhuma outra oração além daquela que o Senhor ensinou aos seus discípulos. A Ele nós devemos recorrer, e a nenhum outro. Os santos no paraíso são felizes, isto eu sei, mas orar a eles, isso eu não farei.* — Você observa o jejum na sexta-feira e no domingo? — *Não, pois ele não é ordenado na Bíblia.* Eles então tentaram argumentar com ela, dizendo: — Mas a igreja exige o jejum, e, mesmo que o não jejuar não fosse pecaminoso em si mesmo, isso se torna em pecado, porque a Igreja o exige. Muito habilmente, ela respondeu: — *Eu não creio em nenhum outro mandamento além daquele que Cristo deu. E em nenhum lugar no Novo Testamento eu encontro tal poder conferido ao Papa para governar a Igreja.* Mas eles ainda argumentaram: — Os governos espirituais e terrenos são ordenados por Deus, e devem ser obedecidos. Ao que ela respondeu: — *A Igreja não tem nenhuma autoridade sobre ela senão*

MÁRTIRES CRISTÃS

a autoridade de Cristo. — Quem lhe ensinou tais coisas? — *O Antigo e o Novo Testamentos.*[51]

Em 27 de setembro de 1558, Filipina de Luns foi condenada à morte, com outros dois presbíteros reformados. Os três foram severamente torturados e lançados na capela da corte judicial.

Após nova tentativa frustrada de convencê-los a negarem sua fé, foram condenados. Então, vestiram-se com as suas melhores roupas, porque não iam para um funeral — pelo contrário, o dia seria de festa. Filipina usou seu vestido de noiva para se encontrar com seu noivo Jesus Cristo.

No trajeto até a fogueira, eles cantavam, o que fez os soldados decidirem cortar suas línguas. A esposa de Cristo exclamou: "Eu não me importo que o meu corpo sofra, porque deveria eu me importar com a minha língua?".[52] Imediatamente, teve a língua decepada.

Os dois homens foram queimados vivos, e Filipina, após ter a face e os pés queimados com tochas, foi estrangulada e queimada também.

Ela faleceu aos 24 anos como mártir huguenote da Igreja Reformada. Seus companheiros de martírio eram Nicolás Clivet, um ancião de 71 anos, e um jovem chamado Cravelle; eles suportaram os tormentos com tanta firmeza, que inspiraram um cronista a exclamar: "Este foi um triunfo maravilhoso, porque Deus mostrou de forma visível quão poderoso é conceder firmeza à juventude e força à velhice, e colocar uma coragem heroica em uma mulher delicada, quando lhe apraz manifestar em seus eleitos sua glória e sua divindade".[53]

ANNE ASKEW FOI UMA INTRÉPIDA protestante que, mesmo barbaramente torturada, não delatou ninguém, nem renegou a sua fé; Jane Grey, rainha por apenas nove dias, foi uma cristã genuína que saiu do trono para a prisão e de lá para o local de sua execução; mesmo tão jovem, estava completamente convicta do que cria. Não foi seu curto reinado que marcou a história, mas seu martírio, o qual provou sua fé no Deus verdadeiro.

Joan Waste podia ser cega fisicamente, mas não o era espiritualmente. A vida dela não foi uma perda para os propósitos divinos. Quando as condições do país eram favoráveis ao avanço da fé cristã, ela glorificava a Deus, procurando ler e meditar em sua Palavra, por mais difícil que isso fosse para ela, por suas condições físicas; Joan permitiu que isso moldasse sua vida. Quando a perseguição veio por causa da mudança de governo, ela se recusou a renunciar à sua fé e se dispôs a dar a vida por seu Senhor.

E o que dizer de Agnes Prest? Uma mulher do povo, simples e considerada analfabeta. Com certeza não o era, pois lia as Escrituras e as tinha guardadas na mente e no coração. Sua sabedoria e humildade granjearam o respeito de muitos, e seu testemunho de fé foi um grande legado para todos os cristãos.

Joyce Lewes apegou-se à verdade das Escrituras e desprezou o ensino da Igreja Romana, recebendo o martírio com serenidade; Filipina de Luns, de igual modo, só cria na Bíblia, e não nos ditames eclesiásticos, e seguiu para a morte bem-vestida, para se encontrar com seu esposo celestial.

A holandesa Anneken von den Hove é enterrada viva.[1]

CAPÍTULO 5

MÁRTIRES NA ÉPOCA DA REFORMA

REFORMADORAS RADICAIS: AS ANABATISTAS

Anna Jansz entrega seu filho ao padeiro antes de sua execução.[2]

> "Se a verdade da religião fosse julgada pela prontidão e ousadia com que um homem de qualquer seita mostra no sofrimento, então a opinião e a persuasão de nenhuma seita podem ser mais verdadeiras e seguras do que a dos anabatistas, uma vez que não houve nenhuma por esses mil e duzentos anos passados cujos integrantes foram punidos de maneira mais geral ou que sofreram com mais alegria e firmeza, e até se ofereceram aos tipos mais cruéis de punição do que essas pessoas, chamadas anabatistas."
>
> Cardeal católico romano Hosius
> (Concílio de Trento, 1560)

AS MULHERES anabatistas estavam longe de ser invisíveis. A contribuição delas foi forjada pela tessitura de seu tempo, e se, com algumas notáveis exceções, suas histórias foram mal contadas, não é porque não há histórias para se contar. De fato, o trabalho que foi feito até agora ilustra vividamente o que tantas vezes ocorre nas "histórias das mulheres": há mais material do que se supõe inicialmente, e às vezes mais da história foi descoberto do que é evidente à primeira vista. Na maioria dos casos, porém, ainda há muito a ser feito: a erudição é muitas vezes dispersa, as abordagens históricas nem sempre encorajaram o relato dos feitos femininos, mas as fontes às vezes fornecem informações surpreendentes quando abordadas com uma perspectiva que busca mulheres e suas histórias.[4]

Os anabatistas surgiram primeiro na Suíça, onde o reformador em Zurique, Ulric Zwínglio, era o líder religioso. Ele seguia as doutrinas luteranas, porém perdeu o apoio de Lutero por causa da discordância da presença do corpo de Cristo na Ceia, prosseguindo com a doutrina reformada, porém separado do luteranismo.

Os líderes do movimento anabatista suíço eram antigos discípulos de Zwínglio: Conrad Grebel e Felix Manz questionavam o significado da eucaristia, a união da Igreja com o Estado, bem como o batismo infantil.

A partir de 1522, Zwínglio foi estorvado pelos seguidores que se tornaram conhecidos como anabatistas devido à sua insistência no rebatismo dos convertidos. Em 1525, o conselho municipal

MÁRTIRES CRISTÃS

proibiu seus encontros e os expulsou da cidade. Felix Manz (o líder) foi executado por afogamento.[5]

Nos Países Baixos, onde os ensinamentos de Lutero foram bem aceitos, grupos reformistas heterogêneos expressaram também uma variedade de críticas sobre as doutrinas luteranas. Um desses grupos também discordava da crença de que o corpo de Cristo estava presente na hóstia. O ensino de Lutero era de que o pão e o vinho estavam em comunhão com o corpo de Cristo, mas aqueles que acreditavam que a presença era simbólica receberam a denominação de "sacramentários".[6]

> O pomo de discórdia entre eles foi a questão da Eucaristia, do Sacramento da Ceia, de onde provêm o nome de "sacramentá-rios" que se dá frequentemente aos reformados à margem do luteranismo. [...] Zwínglio e Ecolampádio negavam a presença real, limitando-se a interpretar simbolicamente as palavras de Cristo: "Isto é o meu corpo, isto é o meu sangue".[7]

Compartilhando dessa crença, o anabatismo holandês foi identificado como movimento somente após a entrada de Melchior Hoffman, um peleteiro[8] de Estrasburgo que fugira para o norte da Alemanha. Ele acrescentou aos princípios básicos do anabatismo a prática da disciplina e uma forte crença de que a profecia, dom do Espírito Santo, era operada nos verdadeiros crentes, homens e mulheres de igual modo.

Na Holanda, o anabatismo floresceu em diversas cidades. A visão de Hoffman foi adotada pelo padeiro de Haarlem, Jan Matthijs, e por Jan van Leiden, cuja marca particular de anabatismo atingiu seu apogeu no estabelecimento da "Nova Jerusalém dos Últimos Dias" em Munster, cidade alemã.

Aqueles anabatistas resistiram em seu reino apocalíptico por 16 meses cada vez mais desesperados, mas Munster foi

MÁRTIRES NA ÉPOCA DA REFORMA

retomada em junho de 1535, e os líderes anabatistas foram executados sem piedade.

Posteriormente, Menno Simons, ex-padre holandês, que se converteu ao anabatismo em 1536, enfatizou a autoridade da Bíblia e o estabelecimento de uma "igreja visível" dos justos, embora não como um reino terreno. A versão de Menno do anabatismo acabou prevalecendo (seus seguidores são os menonitas). Contudo, sua insistência em uma "igreja visível" que não se opusesse ou resistisse à autoridade, mesmo quando perseguida, resultou nas muitas centenas de anabatistas mártires nos Países Baixos.

Possuidores de profunda convicção religiosa, mulheres e homens anabatistas eram forçados a enfrentar as consequências de seguir suas convicções pessoais. As mulheres relataram os detalhes das discussões com seus inquisidores, seus sentimentos durante os turbulentos meses de prisão, sua alegria por terem sido consideradas dignas de morrer por sua fé, emocionando e impressionando com seus relatos e experiências.

> Homens e mulheres anabatistas foram igualmente presos e martirizados; estima-se que um terço ou mais dos mártires anabatistas eram mulheres e, com o aumento, em certos locais, de intensa perseguição, registrou-se uma porcentagem muito maior de grupos perseguidos por suas crenças religiosas.[9]

Em 1660, uma obra de mil páginas foi publicada na Holanda com um longo título: *O teatro sangrento ou O espelho dos mártires dos cristãos indefesos* — "Quem batizou somente após confissão de fé, e quem sofreu e morreu pelo testemunho de Jesus, seu Salvador, desde o tempo de Cristo até o ano de 1660 d.C.". O autor, Thieleman van Braght, compilou esse livro como uma reflexão sobre os mártires cristãos — não apenas aqueles do início da igreja, mas especialmente os anabatistas.[10]

MÁRTIRES CRISTÃS

Os escritos femininos revelam que as mulheres eram inteligentes e determinadas e demonstraram um tipo de coragem pessoal enraizada em uma autoconfiança incomum, baseada em assumir responsabilidade pelo assunto mais importante de suas vidas: sua própria salvação.

Anna Jansz, apresentada a seguir, uma dessas anabatistas, foi denunciada apenas por cantar um hino; ela permaneceu com o filho na prisão, e a caminho do martírio buscou na multidão alguém que pudesse cuidar dele, mostrando grande amor maternal.

REFORMADORAS

Anna Jansz (Anneke van Rotterdam, 1509/10-1539): denunciada e presa por cantar um hino[11]

> "A caminho da execução, com o filho nos braços, a mãe apreensiva ofereceu sua fortuna a qualquer um dos espectadores dispostos a adotar seu filho."[12]

Meu filho, ouça a instrução de sua mãe; abra seus ouvidos para ouvir as palavras da minha boca. Eis que hoje vou pelo caminho dos profetas, apóstolos e mártires, e bebo do cálice de que todos beberam. Eu vou pelo caminho que Cristo Jesus — a palavra eterna do Pai, cheio de graça e de verdade, o Pastor das ovelhas, que é a Vida —, ele mesmo foi, ele foi por este caminho e não por outro, e tinha que beber deste cálice, assim como ele disse: Eu tenho um cálice para beber, e um batismo para ser batizado. Agora que já o fez, ele chama as suas ovelhas, e as suas ovelhas ouvem a sua voz e o seguem por onde quer que vá; pois este é o caminho da verdadeira fonte.[13]

Anna nasceu em 1510 em uma família abastada que vivia na cidade de Briel, na ilha holandesa de Putten. Após seu casamento com Arent Jansz, eles foram batizados em 1534. Evangelizados por Maynaart von Emden, um líder anabatista que havia sido enviado a Briel para anunciar a chegada da Nova Jerusalém em Münster, tornaram-se anabatistas radicais.

Anna tinha 24 anos quando tomou a decisão de ser batizada em uma congregação desprezada e ilegal de cristãos, algo que mudou sua vida drasticamente e que pode ser observado nos textos que compôs, nos quais sempre cita o livro de Apocalipse.

Pouco depois de seu batismo, um grupo de anabatistas marchou pelas ruas de Amsterdã brandindo espadas e anunciando que o dia do Senhor estava próximo. As autoridades da região responderam prendendo anabatistas e seus líderes por toda a Holanda, inclusive na cidade de Briel. Como resultado dessa perseguição, o marido de Anna fugiu para a Inglaterra.

Deixada para trás, Anna não parou de trabalhar pela causa anabatista munsterita. No outono de 1538, ela conseguiu enganar as autoridades, até mesmo dando refúgio temporário, em sua própria casa, a outros anabatistas, incluindo um dos líderes, David Joris.

Ela o ajudou na liderança do crescente movimento de anabatistas pacifistas que rejeitavam a violência de Münster e defendiam uma restauração interior, pacífica e espiritual do caminho de Cristo.

Essa visão era mais atraente para muitos, incluindo Anna, que renunciou à violência e juntou-se ao movimento de renovação de Joris. Ela se tornou sua amiga espiritual íntima e confidente. Esse relacionamento incomodou o marido de Anna, que voltou da Inglaterra para confrontar o que considerava uma ligação adúltera entre David Joris e Anna e convencer outros líderes anabatistas a investigar o relacionamento.

Anna acompanhou seu marido quando em seu retorno para Inglaterra, contudo aparentemente Arent Jansz morreu na Inglaterra em 1538, talvez sofrendo o martírio na perseguição de

MÁRTIRES CRISTÃS

Thomas Cromwell naquele ano, e Anna Jansz voltou para casa com Isaías, seu filho de 15 meses, e uma companheira chamada Cristina Barentes.

As duas mulheres, depois de cantar um hino em público, foram reconhecidas como anabatistas, denunciadas às autoridades e posteriormente presas. Elas foram levadas para Rotterdam e lá foram torturadas e condenadas à morte por afogamento.

Anna conseguira que seu filho permanecesse com ela, mas estava inquieta com o que aconteceria a ele após sua morte. Portanto, procurou alguém para cuidar dele, prometendo toda sua fortuna a quem o fizesse.

Em 24 de janeiro de 1539, a caminho de sua execução, ela encontrou-se com o padeiro que lhe prometera adotar seu filho. Com ele, deixou também uma carta, como um legado espiritual para a criança tão pequena.

Além da carta/testamento para o filho, Anna deixou seu hino ousado e amargo, que se tornou a canção mais popular da revolução de Münster: a "Canção da Trombeta", com uma letra repleta de imagens apocalípticas extraídas da Bíblia.

A música, moldada pelo clima apocalíptico-revolucionário em torno da revolta de Münster e da tomada da Prefeitura de Amsterdam, promete salvação e libertação da opressão para os fiéis, mas profetiza um fim sangrento para os governantes, o que denuncia a adesão inicial de Anna ao movimento mais radical anabatista.

> Eu posso ouvir a trombeta soando, de longe eu a ouço tocar! Em Jerusalém, Edom, em Basã, os arautos gritam alto e baixo, seu som traz isso à mente: preparem-se para a festa de casamento, todos vocês que amam o Rei! O portão está aberto. Entrem! O Rei está preparando um banquete da carne de reis e príncipes. Venham todos vocês, reúnam-se rapidamente. Eu te alimentarei com a carne dos príncipes. Como eles fizeram, assim será feito com

eles. Vocês, servos do Senhor, tenham bom ânimo. Lavem seus pés no sangue dos ímpios.[14]

Essa canção de guerra é uma exceção na literatura mártir menonita, pois apresenta o sentimento de vingança, especialmente na 11ª e 12ª estrofes. Os santos devem lavar os pés no sangue inimigo e são levados a tocar uma nova canção em suas harpas, porque Deus "vem punir" os ímpios.

Em compensação, o testamento de Anna para seu filho está entre as mais queridas cartas escritas na prisão e foi incluído em *o espelho dos mártires*. Primeiro foi impresso como um panfleto, e posteriormente foi adicionado ao primeiro livro menonita holandês de histórias e canções de mártires.

O testamento (carta) é como um daqueles panfletos e escritos populares curtos que foram espalhados entre milhares de pessoas depois de 1520, tendo sido parcialmente destruídos e queimados, mas muitas vezes cuidadosamente preservados e passados de geração em geração como uma preciosa herança.

Ele foi impresso em 1539, ano da morte de Anna, e muitas outras vezes depois disso; está na edição mais antiga (1562) do livro holandês dos mártires e em todos os livros dos mártires seguintes, incluindo *O espelho dos mártires*. A biblioteca da cidade de Hamburgo tem uma cópia da primeira impressão, de 1539.

Trecho da carta de Anna Jansz para seu filho Isaías

[...] Meu filho, se você deseja entrar nas regiões do mundo santo e na herança dos santos, siga-os; examine as Escrituras, e elas lhe mostrarão os seus caminhos. O anjo que falou com o profeta disse: Uma cidade santa foi construída e colocada sobre um amplo campo, e está cheia de todas as coisas boas; a sua entrada é estreita e colocada em lugar perigoso para cair, como se houvesse fogo à direita e à esquerda, águas profundas, e apenas um caminho entre ambos, mesmo entre o fogo e a água. Veja, meu filho, esse caminho não tem

recuos; não há rotundas ou pequenos caminhos tortuosos; quem se afasta para a direita ou para a esquerda herda a morte.

Portanto, meu filho, não considere o grande número, nem ande em seus caminhos. Mas, onde você ouvir falar de um pequeno rebanho pobre, simples e rejeitado, que é desprezado e rejeitado pelo mundo, junte-se a eles; pois, onde você ouve falar da cruz, ali está Cristo. Fuja da sombra deste mundo; torne-se unido com Deus; tema somente a ele, guarde os seus mandamentos, guarde todas as suas palavras, escreva-as na tábua do seu coração, amarre--as na sua testa, fale dia e noite da sua lei e será uma árvore agradável e um renovo nos átrios do Senhor, uma planta amada crescendo em Sião. Tome o temor do Senhor como seu pai, e a sabedoria será a mãe do seu entendimento. Não tenha medo das pessoas, abandone sua vida ao invés de se afastar da Verdade.

Honre o Senhor nas obras de suas mãos e deixe a luz do evangelho brilhar através de você. Ame seu vizinho. Dê de coração aberto e caloroso o pão aos famintos, vista os nus, e não tolere ter dois de nada, porque sempre há quem precise. Tudo o que o Senhor lhe concede com o suor do seu rosto, além do que você precisa, compartilhe com aqueles que amam a Deus. Ó meu filho, que a sua vida seja conforme ao evangelho, e o Deus da paz santifique a sua alma e o seu corpo, para o louvor dele.[15]

O padeiro que aceitou o filho de Anna e sua fortuna se tornou muito próspero, e Isaías (Esaias de Lind), um cristão reformado não menonita, chegou a ser o prefeito de Roterdã, a cidade que matou sua mãe. O homem que delatou Anna e Cristina às autoridades foi morto quando uma ponte em que estava desabou, enquanto caminhava para presenciar a execução delas.

A história de Anna Jansz tornou-se a 18ª canção na coleção de cânticos anabatistas, e foi cantada nas ruas de Hamburgo apenas alguns meses após a publicação do hinário.

Elisabeth Dirks (Lysbeth Dircxdochter, ?-1549)[16]

"Toda a água do mar não pode me salvar. Toda a minha
salvação está em Cristo, que me ordenou amar ao Senhor,
meu Deus, e ao meu próximo como a mim mesma."[17]

Entre os anabatistas, as irmãs eram consideradas no mesmo nível dos irmãos, de acordo com George Williams, em sua grande obra sobre a Reforma Radical. Falando dos anabatistas, ele afirma: "Em nenhum outro lugar na Era da Reforma as mulheres eram tão semelhantes e companheiras nas crenças, e parceiras em empreendimentos missionários e prontidão para o martírio". Como entre aqueles para quem o batismo dos crentes era uma aliança equalizadora, Williams afirma ainda que a extensão do sacerdócio dos leigos às mulheres constituiu uma grande brecha no patriarcalismo e um passo importante para a emancipação ocidental das mulheres.[18]

A data e o local de nascimento de Elisabeth são desconhecidos. Provavelmente foi na Baixa Saxônia, no norte da Alemanha. Seus pais a colocaram em um convento quando menina. Não sabemos por que, mas essa decisão a levou a Cristo e à morte.

No convento, a menina aprendeu a ler latim e holandês. Ela se debruçou sobre uma Bíblia em latim; convencida de que o monasticismo (a solidão dos mosteiros, o exercício da fé entre quatro paredes) e outras doutrinas e práticas não eram bíblicos, começou a questioná-los.

Considerada rebelde, ficou presa no próprio convento, até que encontrou uma saída: uma leiteira trocou de roupa com ela, e assim Elisabeth conseguiu fugir com o disfarce. Chegando em Lier, nas proximidades, buscou refúgio em uma casa que acabou sendo o lar de alguns anabatistas. Eles a instruíram na fé cristã e a batizaram.

MÁRTIRES CRISTÃS

Depois, foi levada para Leeuwarden para viver com uma anabatista chamada Hadewijk. O marido dela fora forçado a testemunhar a queima de um piedoso anabatista; ele falou em defesa dele e fugiu da cidade para escapar de um destino semelhante. Sua esposa nunca mais ouviu falar dele. Na época, ela ainda era católica e se recusou a fugir também.

Elisabeth Dirks e Hadewijk juntaram-se a Menno Simons em Leeuwarden. A jovem trabalhou tão próximo de Simons, que foi confundida como sua esposa. Diz-se que ela foi a primeira diaconisa e a primeira mulher a ensinar em uma congregação menonita. Hadewijk e Dirks foram presas pelas autoridades católicas como hereges. Hadewijk conseguiu fugir.

Após sua prisão em 15 de janeiro de 1549, Elisabeth foi interrogada por várias semanas e submetida à mais severa tortura. Várias vezes foi instada a citar o nome das pessoas às quais havia ensinado sobre a fé cristã. No entanto, permaneceu firme, usando os interrogatórios para explicar os princípios básicos de sua fé e não trair nenhum de seus discípulos ou mestres.

Quando o conselho da cidade tentou convencê-la a fazer um juramento, ela não o fez, afirmando que não devíamos jurar, e que Jesus nos ensinou que nosso "sim" deve significar "sim" e nosso "não" significa "não". As autoridades exigiram que ela dissesse quem a batizou e que desse os nomes de seus "cúmplices". Dirks recusou. "Não, meus senhores, não me pressionem sobre essa questão. Perguntem-me sobre minha fé e responderei com prazer."

"Vamos deixar-te com tanto medo, que vais nos contar", eles ameaçaram.

Em resposta às perguntas, ela explicou o que os anabatistas criam sobre a Ceia do Senhor e o batismo. Discutiu a natureza da verdadeira igreja e a autoridade dos sacerdotes. Na maioria de suas respostas, citou a Bíblia.

Trecho do interrogatório de Elisabeth Dirks

Juízes: *O que você acha da casa de Deus? Você considera a nossa igreja a casa de Deus?*

Elisabeth: *Não, meus senhores, porque está escrito: "Nós somos santuário do Deus vivente, como ele próprio disse: Habitarei e andarei entre eles; e eu serei o seu Deus, e eles serão o meu povo" (2Coríntios 6.16).*

Juízes: *O que você acha da missa?*

Elisabeth: *Meus senhores, não acho nada da sua missa. Eu dou muito mais valor às coisas que estão de acordo com a Palavra de Deus.*

Juízes: *Como você entende os sacramentos sagrados?*

Elisabeth: *Nunca na minha vida li nas Sagradas Escrituras sobre os sacramentos sagrados. O que tenho lido é sobre a ceia do Senhor (citou diversos versículos para apoiar seu raciocínio).*

Juízes: *Cale-se. Você é porta-voz do diabo.*

Elisabeth: *Meus senhores, o servo não é maior do que seu senhor.*

Juízes: *Suas palavras demonstram um espírito de orgulho.*

Elisabeth: *Não, meus senhores. Apenas falo com franqueza.*

Juízes: *O que o Senhor disse quando participou da ceia com seus discípulos?*

Elisabeth: *Eu pergunto: O que ele lhes deu? Carne ou pão?*

Juízes: *Foi pão.*

Elisabeth: *O Senhor não ficou sentado entre eles? Quem, então, come a carne dele?*

Juízes: *O que você acha sobre o batismo de crianças, já que foi rebatizada?*

Elisabeth: *Não, meus senhores. Nunca fui rebatizada. Fui batizada apenas uma vez de acordo com a minha fé, pois está escrito que o batismo deve ser ministrado aos que creem.*

Juízes: *E os nossos filhos que foram batizados, estão condenados ao inferno?*

MÁRTIRES CRISTÃS

Elisabeth: *Não, meus senhores. Quem sou eu para julgar os seus filhos?*

Juízes: *Você não baseia sua salvação no batismo?* [...]

(Nessa parte Elisabeth citou a frase que consta do início de seu resumo biográfico.)[19]

Para que ela informasse sobre outros anabatistas, eles cumpriram suas ameaças de tortura. Primeiro aplicaram-lhe parafusos sob os polegares até que o sangue jorrou debaixo de suas unhas. Ela clamou a Cristo, mas não delatou outros irmãos, e o Senhor lhe tirou a dor. Seus algozes esmagaram suas pernas até que desmaiou, e os fez acreditar que havia morrido.

Quando se recuperou, eles terminaram o interrogatório. Vendo que não podiam obter nada dela, condenaram-na à morte. No dia 27 de maio de 1549, colocaram Elisabeth Dirks em um saco e a jogaram em um rio. A transcrição de seu interrogatório permanece, para mostrar sua coragem, modéstia e fé.

Em sua homenagem foi incluída uma música no mais antigo hinário do movimento anabatista, a 13ª canção, que tem como título "Uma bela história de uma virgem". Essa música tem 38 estrofes.

Anneken van den Hove (Anna Emels, Anneken uyt-den Hove, 1549?-1597): menonita enterrada viva[20]

Anneken respondeu que não desejava esse tempo (para tomar sua decisão) e que eles poderiam fazer o que achassem apropriado, pois o que ela queria era partir logo para o lugar onde pudesse oferecer um sacrifício agradável a Deus.[21]

Sob o governo do arquiduque Alberto VII, da Áustria, Anneken, uma empregada doméstica das senhoras Ramparts, em Bruxelas, na Bélgica, frequentava as reuniões menonitas com suas senhoras; com elas, foi aprisionada em dezembro de 1594. Eram culpadas de ser seguidoras do evangelho; o próprio pároco da cidade as denunciou.

As patroas renegaram a fé e foram colocadas em liberdade, porém Anneken foi mantida na prisão por dois anos e sete meses, durante os quais se tornou mais firme em sua fé e em sua oposição aos padres, monges, jesuítas e outros que tentavam dissuadi-la. Contudo, interrogatório, torturas, ameaças, longo aprisionamento e promessas especiais não a demoveram de sua fidelidade ao seu Senhor Jesus Cristo.

No dia 9 de julho de 1597, vários jesuítas foram até ela e lhe perguntaram se não renegaria sua condição para que pudessem libertá-la. Sua resposta foi negativa, mas, insistentemente, ofereceram-lhe mais seis meses para considerar as propostas. Anneken em nenhum momento renegou sua fé; quando os juízes foram informados, condenaram-na a ser enterrada viva, tendo somente duas horas para se preparar, a menos que ainda abjurasse do que cria. Para persuadi-la, os jesuítas ficaram com ela até as oito horas da manhã.

Levaram-na, então, a uma milha e meia da cidade de Bruxelas, onde um buraco estava sendo cavado. Enquanto isso, ela esperava calmamente. Então, jogaram-na lá; quando já estava coberta até os joelhos, os jesuítas lhe perguntaram novamente se ela não retornaria à sua antiga crença, renegando sua nova fé. Mais uma vez Anneken afirmou que jamais faria isso e se regozijou porque o tempo de sua partida estava próximo.

Aqueles que a condenavam lhe diziam que sua alma seria enterrada viva e sofreria os tormentos eternos do inferno, ao que ela respondeu que sua consciência estava em paz e que tinha a certeza de que morreria feliz na expectativa de uma vida eterna, imperecível, repleta de alegria e deleite nos céus, na presença de Deus e de todos os seus santos.

MÁRTIRES CRISTÃS

Anneken era solteira e tinha 48 anos quando foi martirizada. Enquanto jogavam terra sobre seu corpo até o pescoço, insistiam em perguntas, ameaças e promessas de cancelamento da pena, caso ela abandonasse suas crenças. Por fim, jogaram sobre seu rosto o restante da terra, que foi pisada com firmeza e fúria.

A mártir morreu ao pôr do Sol, como uma piedosa heroína de Cristo que preferiu voltar à terra para que sua alma se elevasse aos céus, combatendo o bom combate e guardando a fé.

Logo após sua execução, várias canções e relatos sobre seu martírio foram publicados, entre eles: uma canção com 21 estrofes, com cópia na Biblioteca Real Holandesa em Haia; um panfleto, publicado em 1610 (local e impressão desconhecidos), com quatro páginas relatando sua história e martírio, seguidas da própria canção. Sua coragem tornou glorioso seu martírio.

Durante muito tempo acreditou-se, por afirmações de alguns adeptos da Igreja Reformada, que a mencionada Anneken van den Hove morreu por causa da fé calvinista; mas isso não foi provado nem por testemunhos escritos, nem por orais. Através de certa carta, escrita por alguém de Antuérpia a um de seus amigos, foi afirmado, em estilo papista, que ela foi enterrada viva fora da cidade de Bruxelas, porque pertencia aos anabatistas.

Foi a última vítima da Inquisição no sul dos Países Baixos (Netherland), atualmente Bélgica. A longa série de martírios ali terminou.

Maria de Monjou (Maria van Montjou, ?-1552): A anabatista que foi cantando para o local de seu martírio[22]

> "Fui noiva de um homem; mas hoje espero ser a noiva de Cristo e herdar seu reino com ele."[23]

Ouviu-se nas ruas estreitas de Monschau a voz clara de uma mulher cantando. A sua voz, que vibrou contra os edifícios, chamou a atenção das pessoas, e muitos vieram correndo. Uma multidão de monges e oficiais estava passando pela rua em direção ao rio. No meio deles ia a mulher que cantava, com o rosto igual a um brilhante e claro como a voz. Mesmo sendo a prisioneira, parecia que Maria era a única na multidão que tinha o rosto alegre.[24]

Maria morava em Monjou (em francês, Montjoie), uma cidade situada na parte ocidental da Alemanha, próxima da fronteira com a Bélgica. Ela era uma cristã temente a Deus e já estava na prisão há mais de dois anos por ser rebatizada, ou ter passado por um segundo batismo, o que era considerado herético.

Foi o próprio oficial de justiça, o magistrado da cidade, que a mandou prender e a manteve em confinamento por mais de um ano. Embora ela enfrentasse muitos sofrimentos, tudo suportou com alegria. Sua constante admoestação aos piedosos era que andassem em amor e se apegassem à aliança de Jesus Cristo. E ela mesma estava constantemente se esforçando para apresentar seu corpo em sacrifício vivo a Deus.

Durante seu longo tempo na prisão, foi ameaçada, subornada e coagida a participar da missa. O oficial de justiça comunicou-lhe que, se ela fosse à igreja, ele a soltaria e lhe daria uma pensão por um ano inteiro; mas Maria não concordou, preferindo dar sua vida pelo evangelho de Cristo; então foi condenada ao afogamento, uma forma clemente de execução, usada principalmente para mulheres.

No caminho para o rio, cantava com o coração alegre porque esse dia havia chegado, e ela viveu para ver essa hora, procedendo como uma ovelha que é levada ao matadouro, assim como aconteceu com Cristo. A Escritura testifica: "mas vem a hora em que todo o que vos matar julgará com isso tributar culto a Deus" (João 16.2).

MÁRTIRES CRISTÃS

Levaram-na para a beira da água, mas não a jogaram no rio. Ainda tentaram durante duas horas e meia que ela abandonasse a sua fé. Mas ela respondeu: "Eu me apego ao meu Deus; prossigam com o que vieram fazer aqui; o trigo está na palha e deve ser moído, assim a palavra de Deus começou e deve ser terminada".[25]

Após tirar os sapatos e se preparar para a morte, amarraram-na firmemente para que não conseguisse nadar. Então, ela encomendou seu espírito nas mãos de Deus. Desse modo, a cristã fiel foi afogada e sua alma foi para o céu, a fim de receber a coroa dos mártires. Os crentes que com ela estavam ficaram grandemente comovidos com seu exemplo.

Sua morte é descrita na música "Tão feliz, que quero cantar", encontrada em três hinários (ou livretos de hinos) alemães.[26]

Falando, cantando, sendo verdadeiramente cristãos, com suas mortes os mártires encenavam "sermões eficazes" que tocavam corações e olhos de todos os que a eles assistiam. As primeiras gerações de anabatistas valorizavam bastante esse tipo de testemunho pela vida; as ações e seus mártires foram verdadeiras cartas de Cristo.

O louvor que dedicavam a Deus, na hora final de vida, era fruto de um coração grato e consciente do que realmente importava. Eles estavam livres: do medo do martírio, da tristeza de deixar pessoas queridas, de partir enfrentando uma separação tão brusca e injusta etc.

Os testemunhos dos mártires foram maravilhosos: amordaçados, continuaram a cantar em seu coração; em silêncio (pois suas línguas foram cortadas), louvavam a Deus. Mulheres fracas iam para a tortura cantando salmos e confessando que somente Cristo é o Salvador; no trajeto até a fogueira, cantavam, o que fez os soldados decidirem cortar suas línguas. Filipina, a calvinista, exclamou: "Eu não me importo que o meu corpo sofra, porque deveria eu me importar com a minha língua?".[27] Imediatamente, teve a língua decepada.

Grande importância teve a música para os mártires. Anna Jansz e Cristina Baredes foram denunciadas e presas porque, na viagem a Rotterdam, cantaram um hino. Perpétua e Maria de Monjou caminharam cantando até o local de seus martírios. Em sua execução, Elisabeth Dircks cantou um belo hino, de modo que o povo ficou admirado.

O mártir da Igreja Primitiva, Teodoto, por três vezes cruelmente torturado, ainda cantava hinos e cânticos a Cristo. Ele declarou ao seu interrogador: "Mesmo quando você mandar cortar a minha língua, saiba que Deus entende o silêncio dos cristãos".[28]

O conforto que o canto dos hinos concedeu aos próprios mártires e o testemunho do bem que tais cânticos fizeram ao público são o tema de uma canção comemorativa para quatro cristãos piedosos e destemidos que foram executados em Lier em 1550: Goyvaert, Gielis, Mariken e Anneken; mesmo a caminho da morte, eles continuaram seu protesto público cantando tão alto, que todos no mercado podiam ouvi-los.

As canções do martírio testemunharam de sua fé e elevaram seus espíritos a Deus. Com o sacrifício de seus corpos, ofereceram o sacrifício de louvor, confessando o nome do seu Senhor: "Por meio de Jesus, pois, ofereçamos a Deus, sempre, sacrifício de louvor, que é o fruto de lábios que confessam o seu nome" (Hebreus 13.15).

Vamos sempre louvá-lo, sem importar as circunstâncias?

AS MÁRTIRES DA ÉPOCA DA REFORMA testificaram seu amor às Escrituras com sua lealdade a Cristo e firmeza de fé; mesmo enfrentando perseguições, escárnios, críticas, torturas,

MÁRTIRES CRISTÃS

fogo e água, não se acovardaram, até mesmo se alegraram e cantaram em sua última hora de vida e diante de mortes cruéis.

Os anabatistas constituíram uma proporção alta dos martirizados e foram os mais perseguidos entre os protestantes:

> Um ano depois (da morte da anabatista Anneken), a saber, 1598, foi publicada uma obra impressa chamada *Apologia Catholica*, de Franciscus Kosterus, na qual, na página 160, encontram-se estas palavras: "Além disso, não houve injustiça feita em Bruxelas a Anneken van den Hove, na medida em que procederam contra ela de acordo com as antigas leis do imperador; nem precisam os calvinistas reclamar dos senhores; pois ela foi considerada uma menonista e anabatista, que, o próprio Calvino confessa, deveria ser punida".[29]

É louvável o relato de que eles sempre deram grande importância à preservação da memória dos seus mártires pela palavra escrita, independentemente do gênero.

NO PRIMEIRO CAPÍTULO, falamos sobre duas mães mártires: Perpétua e Felicidade, uma que deixou seu bebê de colo e outra que acabara de dar à luz. Elas seguiram alegres para o martírio, pois sabiam que o mais importante é o bem da alma. Haviam deixado seus filhos com pessoas amorosas que iam cuidar bem deles e contavam com o cuidado eterno de Deus.

No século 16, outra mãe teve que deixar seu filhinho, pois seria martirizada. Ela foi Ana Jansz, uma cristã corajosa e desprendida, que nos legou uma gloriosa confissão de fé e evidência do fiel amor materno. Sua provação quando presa sem saber com

quem deixar seu filhinho constituiu uma das cenas mais como-
ventes da literatura sobre os mártires.

A seguir, serão apresentadas as mártires missionárias ou autóc-
tones da igreja oriental, a maioria também de mães amorosas;
uma delas foi decapitada, deixando sua bebezinha amada.

John e Betty Stam, e sua filha Helen Priscilla.[1]

CAPÍTULO 6

MÁRTIRES CONTEMPORÂNEAS

MISSIONÁRIAS NO ORIENTE E MEMBROS MARTIRIZADOS DA IGREJA PERSEGUIDA

Bonnie Witerral.[2]

"

Deus, Tu és é o Senhor das circunstâncias. Nós não viemos para o Líbano por acidente — nós estamos exatamente onde tu querias que estivéssemos. Senhor, eu quero adorar-te no lugar onde tu me colocaste hoje.
Ajuda-me a lembrar destas quatro palavras: Isso é obra minha!

"

DEVEMOS RECUAR e fugir do nosso chamado superior a Cristo Jesus, ou ousaremos avançar sob as ordens de Deus, em face do impossível? Vamos lembrar que a Grande Comissão jamais foi qualificada mediante cláusulas exigindo prosseguimento apenas se houvesse fundos abundantes e nenhuma dificuldade ou autossacrifício. Pelo contrário, é-nos dito que devemos esperar tribulações e até mesmo perseguição, mas através disso a vitória em Cristo.

John Stam, 1932[4]

A Missão para o Interior da China (MIC) é uma sociedade missionária cristã protestante internacional e interdenominacional, com sede em *Cingapura*. Ela foi fundada na Inglaterra por Hudson Taylor em 25 de junho de 1865, como Sociedade Missionária no Exterior.

Os cristãos chineses sempre passaram por perseguição, sendo a pior a Revolução dos Boxers,[5] em 1900, quando suas propriedades foram confiscadas e muitos missionários foram mortos.

Em *Taiwan*, sessenta missionários foram mortos numa só tarde; em outra província, foram martirizadas 54 pessoas. Calcula-se que um total de 188 missionários e 5 mil crentes perderam a vida. Muitas lágrimas e sangue foram derramados, tendo sido levantado um grande clamor a Deus.

Nos anos que se seguiram à Insurreição dos Boxers, a China não se livrou de forma alguma de sua hostilidade contra os estrangeiros. Os missionários eram vistos com suspeita, apesar de seus

MÁRTIRES CRISTÃS

trabalhos serem em sua maior parte de natureza humanitária. Eles foram acusados de espalhar uma epidemia de cólera que varreu as províncias do norte em 1902. E, como resultado, dois membros da Missão para o Interior da China foram assassinados por uma multidão.[6]

Os anos de 1930 também foram difíceis para a China e os Estados Unidos, quando a "Grande Depressão" fez estragos com a economia mundial e o aumento da ameaça comunista dificultava o trabalho missionário.

O Exército Vermelho, dos operários e camponeses chineses, que se tornou parte das forças armadas do Partido Comunista da China de 1928 a 1937, parecia estar crescendo em tamanho e força diariamente. Numerosas bases missionárias tinham sido obrigadas a fechar, e os trabalhadores estavam sendo evacuados de áreas das quais as forças comunistas se aproximavam.

As portas da China só foram abertas aos cristãos depois de quase trinta anos da tomada de poder pelo governo comunista, em 1949. Acreditava-se que, por conta das severas perseguições da Revolução Cultural, a Igreja Cristã havia sido eliminada. Contudo, por toda a parte havia milhares de chineses se reunindo para adorar a Deus. Nos princípios dos anos de 1980, o reavivamento já varria muitas partes do país.

O clima social em 1983 era caótico. Crimes eram praticados a toda hora: assassinatos, estupros, roubos, furtos, tráfico de drogas, vandalismo, prostituição e sequestros. A fim de restaurar a ordem, o governo lançou uma campanha contra o crime e milhares de pessoas foram executadas, em todo o país, com muitas injustiças acontecendo.

A igreja foi sempre o alvo de qualquer movimento político, e nessa campanha anticrime também foi acusada de "contrarrevolucionária". O julgamento da família Shi "por assassinato", que será relatado neste capítulo, aconteceu durante esse período turbulento.

Cem anos após a fundação da Missão para o Interior da China, em 1965, uma nova missão internacional, a Portas Abertas, que atua em mais de sessenta países, foi fundada por Anne van der Bijl, o conhecido irmão André, escritor do livro *O contrabandista de Deus*, para fortalecer os cristãos perseguidos.

A missão entregou 30 mil Novos Testamentos aos chineses, que não foram suficientes para as necessidades do território. Portanto, em 1981, a Portas Abertas começou a trabalhar na entrega de 1 milhão de Bíblias, com o "Projeto Pérola", definido como a maior operação nessa categoria na história da China, realizado em obediência à vontade de Deus.

Segundo dados da Lista Mundial de Perseguição de 2022, mais de 360 milhões de cristãos no mundo enfrentam algum tipo de oposição por sua identificação com Jesus Cristo.

O número de cristãos perseguidos inclui todas as formas de hostilidade, não somente a violência física. A perseguição afeta todos as denominações cristãs, e sua intensidade depende da região do país onde se vive. Mesmo em países de maioria cristã, áreas dominadas pelos muçulmanos podem exercer uma forte pressão sobre os cristãos, até com atos de violência.

O ambiente comunista sempre foi hostil ao evangelho de Cristo, porque entende que a religião cristã é o veneno do imperialismo e uma ferramenta da interferência estrangeira. Os chineses declaram que em seu país só se deve acreditar no marxismo; quem se tornar discípulo de Jesus será considerado contrarrevolucionário.

Essa perseguição religiosa ocorre quando os seguidores de Jesus não têm os direitos de liberdade religiosa garantidos; quando a conversão ao cristianismo é proibida por conta de ameaças vindas do governo ou de grupos extremistas; são forçados a deixar as casas ou empregos por medo da violência; são agredidos fisicamente ou até mesmo mortos por causa da fé; são presos,

MÁRTIRES CRISTÃS

interrogados e, por diversas vezes, torturados por se recusarem a negar a Jesus.[7]

A cada ano, a perseguição aos cristãos se intensifica no mundo todo. O número de cristãos com medo de ir à igreja, que não têm uma igreja para ir e que precisam escolher entre permanecer fiéis a Deus ou manter os filhos seguros só aumenta. Houve crescimento também no número de vítimas da violência extrema: pessoas perderam familiares, casa, bens e liberdade apenas por compartilhar a fé em Jesus Cristo.

Entre as mulheres que enfrentam perseguições nesta época contemporânea, serão relatadas as histórias de duas missionárias martirizadas na China; de uma família local, com quase a maioria dos membros presa e dois deles assassinados; de uma missionária alvejada no Líbano; e de uma evangelista esfaqueada, que teve a cabeça e as pernas cortadas na Nigéria.

Muito mais histórias de mártires poderiam ser narradas, contudo esses são exemplos suficientes de como, sem motivo justificado, vidas são sacrificadas por sua fé em Cristo e pela pregação do evangelho da paz.

Elizabeth (Betty) Alden Scott Stam (1906-1934): a filha de missionários que se tornou missionária e cujo martírio inspirou muitos a ser missionários[8]

Senhor, eu desisto de meus próprios planos e propósitos,
De todos os meus desejos, esperanças e ambições,
E aceito a tua vontade em minha vida.
Eu me entrego, minha vida, meu tempo, entrego tudo
totalmente a ti, para ser tua para sempre.
Enche-me e sela-me com o teu Espírito Santo.
Opera toda a tua vontade em minha vida,

156

> Manda-me onde quiseres,
> Usa-me conforme a tua vontade,
>   a qualquer custo, agora e para sempre.[9]

Betty viveu por pouco tempo aqui na terra. Ela nasceu em Albion, Michigan, nos Estados Unidos. Seu pai era o rev. Charles Ernest Scott, que era missionário em uma igreja presbiteriana nos Estados Unidos. Sua mãe chamava-se Clara, e Betty foi a primeira filha do casal.

Seis meses depois de seu nascimento, a família partiu para a China, enviada pelo Conselho Presbiteriano dos Estados Unidos, como ministros de evangelização e ensino bíblico na província de Shantung.

Primeiro viveram na cidade de Tsingtao e tiveram mais quatro filhos, investindo muito tempo cuidando deles e fornecendo-lhes estudo bíblico em seu próprio lar. Pouco era o contato das crianças com os chineses, pois os empregados da casa eram todos cristãos, com os quais mantinham profunda afeição. Elas faziam lanches nos seus refeitórios e comiam a comida chinesa.

Esse tempo feliz terminou na chegada da adolescência dos filhos. Betty foi enviada para estudar na escola da agência missionária, em Tungchow, próxima a Peking. Quando os pais foram relocados para Tsinan, os filhos estavam todos na escola em Tungchow.

Quando Betty fez 17 anos, seus pais a enviaram aos Estados Unidos para cursar a universidade. Apesar de saírem da China para estudos e viagens, sonhavam com o retorno. A filha Helen declarou: "Todos nós, os cinco filhos, aguardamos o tempo de retornar à China como missionários. Nossos pais nunca insistiram, mas nos parecia a coisa natural e certa a fazer".[10]

> Não sei o que Deus tem reservado para mim. Eu realmente estou disposta a ser uma velha solteirona missionária, ou uma velha

MÁRTIRES CRISTÃS

solteirona em qualquer profissão; toda a minha vida, se Deus quiser. Está claro como a luz do dia para mim que a única vida que
vale a pena é aquela de rendição incondicional à vontade de Deus
e viver em seu caminho, confiando em seu amor e orientação.[11]

Após sua formatura, Betty cursou o Instituto Bíblico Moody,
onde conheceu John Cornelius Stam (1907–1934), que era de
Nova Jersey. Todos no instituto admiravam-se da personalidade
vibrante do rapaz e o caracterizaram como um líder em potencial:
"Ele tinha paixão pelas almas. Seu trabalho pessoal era exemplar,
pois ele era focado. Mas John não vivia isolado de modo algum;
era possível divertir-se muito em uma viagem ou em um piqueni-
que com ele".[12]

O jovem começou a participar de um grupo de oração que se
reunia na casa de Isaac Page, voltado para a intercessão pela Missão para o Interior da China. Foi lá que conheceu Betty Scott. Ela
foi atraída pelo forte caráter cristão de John e seu desejo ardente
de servir. Ele era amigável e cortês em suas relações com os outros.
Inclinado para ser um líder, falava com confiança e intensidade,
mas sem ser arrogante ou agressivo. Mesmo cheio de entusiasmo
pela vida e por diversões, sua visão geral era séria.

Os dois passaram a estar cada vez mais juntos. Esse relacionamento, que se tornava profundo, preocupava o coração de
John, pois ele ficara rapidamente impressionado com a maturidade espiritual de Betty, seu fervor pelo trabalho missionário e
seu espírito calmo e sincero. Não demorou muito para começar a
notar mais o rosto doce que complementava tão bem sua personalidade amigável.

Já aceita como missionária pela Missão para o Interior da
China, ela retornou àquele país em 1931. John Stam via os acontecimentos conflituosos entre as forças chinesas nacionalistas e
comunistas (Guerra Civil Chinesa) como meros desafios para
o reino de Deus, mas nada que poderia forçá-lo a alterar o seu

MÁRTIRES CONTEMPORÂNEAS

compromisso com Cristo e com a China, portanto também partiu para o país em 1932.

Betty e John casaram-se em outubro de 1933, e foram alocados em Suancheng, província de Anhwei, onde continuaram o estudo da língua, deram aulas bíblicas e fizeram trabalho evangelístico. No verão de 1934, os Stams foram designados para ocupar o lugar do secretário local na Missão de Wuhu; em setembro, sua filha, Helen Priscilla, nasceu.

John e Betty eram missionários ideais. Eles tinham um amor ardente pelo povo chinês e trabalhavam duro para conquistar o coração daqueles a quem ministravam. Tinham um zelo honesto pela causa de Deus, e ambos foram capazes de se adaptar notavelmente bem ao seu novo trabalho e ambiente.

John fazia muitos progressos no aprendizado do idioma chinês, e Betty esforçava-se bastante para aprender também. Os cultos na igreja nativa eram repletos de características que fascinavam John, e sua esposa achava muito interessante ouvir o canto congregacional: "Quando é hora da oração, todos se concentram nela; quem usa óculos os retira, como sinal de respeito. Quando comungamos, levantamos de nossos assentos para receber os elementos. É considerado um ato respeitoso".[13]

John acompanhou dois evangelistas nativos a uma prisão local, onde realizaram um culto para cerca de quarenta homens. A maioria dos prisioneiros parecia muito pobre; dois deles tinham ferros nos pés. John pregou sobre João 3.16.

O casal ajudava na liderança das reuniões de crianças durante a semana e nas tardes de domingo. Um grupo de meninas começou a acompanhar Betty nas visitações, e logo ela as liderava em estudos bíblicos.

Em 12 de novembro de 1934, os Stams deixaram Wuhu, levando a bebê Helen Priscilla para começarem um novo trabalho em Tsingteh. Fizeram a viagem em curtos trajetos, pregando o evangelho enquanto viajavam de cidade em cidade, distribuindo cópias da Palavra de Deus. No final de novembro, chegaram ao novo campo missionário e se mudaram para uma grande e antiga casa chinesa que havia sido adaptada para a habitação de famílias missionárias.

Quando John dirigiu seu primeiro culto naquela cidade, escreveu para sua família, dizendo que a audiência, embora atenta, era bem pequena, mas ele entendia que estava no início de seu trabalho ali. Além do seu próprio pessoal, compareceram apenas quatro pessoas.

Para os amigos, escreveu que as coisas estavam sempre acontecendo de forma diferente da que se esperava. Mas o Senhor os ajudava a estar satifeitos com o plano dele em tudo: quer os estudos ou trabalho fossem realizados, quer não.

John enfatizou a necessidade especial de oração para que Deus ajudasse seus missionários a brilhar, pois estavam debaixo, em todo o tempo, de exame minucioso. Os chineses entendiam 1Coríntios 4.9: "Porque a mim me parece que Deus nos pôs a nós, os apóstolos, em último lugar, *como se fôssemos condenados à morte*; porque nos tornamos espetáculo ao mundo, tanto a anjos, como a homens" — os cristãos eram como uma peça teatral para a qual todos olhavam.

Pareceu uma palavra profética, pois, no dia seguinte, 6 de dezembro, uma tropa de comunistas chineses movia-se silenciosamente pelas montanhas, cruzando a fronteira. Não detectados pelas forças do governo, dois milhares de soldados vermelhos atacaram Tsingeth.

Eles mataram 14 pais de família e prenderam os missionários. Um magistrado fora avisá-los de que os comunistas estavam indo prendê-los, mas o ataque foi tão repentino, que não puderam fugir, o inimigo já estava à porta. Os Stams se ajoelharam em oração, os bandidos arrombaram a fechadura do portão e correram para a porta da casa.

MÁRTIRES CONTEMPORÂNEAS

John os encontrou sem medo e deixou quatro soldados entrarem. Ele falou gentilmente com eles e perguntou se estavam com fome. Betty serviu-lhes chá e comida. Os soldados exigiram todo o dinheiro que John tinha, então o amarraram e o levaram preso. Depois, voltaram e aprisionaram sua esposa e a filhinha. Enquanto se dirigiam para uma cidade a cerca de 12 milhas de distância, perguntaram-lhes: "Aonde vocês estão indo?". John respondeu simplesmente: "Nós não sabemos para onde eles (os soldados) estão indo, mas nós vamos para o céu".[14]

Quando chegaram ao seu destino, foram confinados e vigiados de perto durante a noite em um quarto ao lado do pátio de uma casa chinesa espaçosa e abandonada. John foi amarrado com cordas a um poste da cama, mas Betty foi autorizada a cuidar da pequena Helen Priscilla. Enquanto estavam lá, John escreveu ao sr. Gibbs, da Sede da MIC em Xangai. Essa carta foi entregue a um cristão e contrabandeada de um irmão ao outro até chegar ao seu destino.

Missão para o Interior da China, Shanghai.

Caros irmãos,

Minha esposa, nossa filha pequena e eu estamos hoje nas mãos dos comunistas, na cidade de Jsinteh. Eles exigem 20 mil dólares para nossa libertação.

Todos os nossos bens estão com eles, mas agradecemos a Deus pela paz em nossos corações e pela refeição desta noite. Deus lhes dê a sabedoria necessária para o que tiverem de fazer, e a nós, coragem, força e paz interior. Ele é poderoso — e um Amigo esplêndido em ocasiões como esta.

As coisas aconteceram rapidamente nesta manhã. Eles entraram na cidade poucas horas depois dos rumores sempre existentes se tornarem realmente alarmantes, de modo que não pudemos nos preparar para sair a tempo.

MÁRTIRES CRISTÃS

O Senhor os abençoe e oriente, e, quanto a nós, possa Deus ser glorificado, seja pela vida, seja pela morte.

Em Cristo,

John C. Stam (6 dez, 1934)[15]

Na manhã seguinte, suas roupas externas foram removidas e suas mãos, amarradas firmemente atrás das costas. Enquanto caminhavam penosamente, os soldados chamavam qualquer espectador curioso para seguir e ver a execução desses estrangeiros. A jornada foi bem difícil física e mentalmente. John e Betty escutavam os planos de matarem sua filhinha. Em 7 de dezembro de 1934, Betty e John Stam foram executados pelos bandidos comunistas, após serem humilhados, despidos e expostos ao ridículo público.

Em alguns breves momentos, a vida na terra, com sua tristeza, labuta e lágrimas, acabou, e o céu começou para o casal missionário. O mais surpreendente é que sua filha de três meses foi preservada. Betty a deixou na cama, em um saco de dormir, com algumas roupas extras às quais prendeu duas notas de cinco dólares.

Por quase trinta horas a bebê ficou ali sozinha e aparentemente esquecida. Depois que a agitação passou, um amigo se aventurou a ir à casa onde a pequena família havia passado a última noite. Ali, assim como sua mãe a havia deixado, ilesa, jazia o "Bebê Milagroso", como mais tarde ficou conhecida.

Depois de muitas dificuldades e arriscando a própria vida no processo, o evangelista Lo e sua esposa, que haviam encontrado o bebê, carregaram-na 110 quilômetros a pé, buscando mães que amamentavam, e com apenas uma lata de leite em pó para sustentá-la ao longo do caminho. Posteriormente, ela foi entregue aos avós maternos, que a criaram. Anos depois, Helen foi viver nos Estados Unidos com seus tios George e Helen Mahy.

MÁRTIRES CONTEMPORÂNEAS

Os corpos dos pais de Helen foram encontrados por um pequeno grupo de cristãos e enterrados em uma encosta. Em suas lápides encontram-se as palavras:

John Cornelius Stam, 8 de janeiro de 1907: "Para que Cristo seja glorificado pela vida ou pela morte" (Filipenses 1.20, trad. livre). Elisabeth Scott Stam, 22 de fevereiro de 1906: "Para mim, o viver é Cristo, e o morrer é lucro" (Filipenses 1.21).[16]

Considerados mártires da causa de Cristo, o exemplo de John e Betty Stam inspirou muitos a doarem vidas e recursos para o movimento missionário evangélico. Algum tempo depois, o dr. Scott tomou posse da Bíblia de Betty, encontrada no saque dos comunistas. Nela Betty havia escrito as frases que dão início a este relato inspirador.

Família Shi: uma mãe e um filho cristãos cruelmente executados, com acusação infundada, após prisão e tortura (1983)[17]

Este é o relato de uma família de 11 pessoas, com o sobrenome Shi, do povoado de Zunzhuangs, um distrito rural da China. O pai era Gushen; sua mulher, Lishi; seus três filhos, Wuting, Wuming e Wuhao; suas filhas, Xiaoxiu e Xiaoqiu; e sua nora, Meiying, esposa de Wuting, com dois filhos. O décimo primeiro integrante era o irmão do sr. Shi, Guzhen, ainda solteiro e que morava com a família.

A sra Shi, posteriormente martirizada, tinha 58 anos na época, sempre sorridente, demonstrando muito amor e compaixão. Ela conheceu a Cristo após uma grave doença e pela insistência de uma avó cristã. Quando ficou completamente curada, toda a família Shi creu no Senhor.

163

MÁRTIRES CRISTÃS

A família inteira ia às reuniões para adorar a Deus, mas, ao sentirem que estavam frequentando uma igreja morta, com uma adoração formal, deixaram aquela igreja e convidaram pessoas para se reunirem em sua casa, iniciando uma igreja doméstica.

Os "supostos" cristãos ficaram aborrecidos e denunciaram ao Departamento de Segurança Pública que aquela família se opunha à liderança do partido comunista, organizando reuniões subterrâneas ilegais. Por isso, os Shi sofreram muitas perseguições.

Em 1983, a irmã de Meiying, a nora, foi diagnosticada com uma doença terminal. Meichun, a enferma, só sentia esperança em estar na casa de Meiying, onde os crentes orariam por ela. Após alguns dias, ela morreu subitamente.

Wuming avisou o falecimento à unidade militar; a família, prevendo que seria acusada de descuido por aquela morte, fez as malas, preparando-se para a prisão ou a morte. A brigada chegou, revistou o local e todos foram para a prisão. Os únicos que ficaram em casa foram a filha mais nova, Xiaoqiu, com 12 anos, e os netos da sra. Shi.

O sr. Shi e seu irmão foram soltos dois meses depois. A sra. Shi foi acusada de colaborar com o filho Wuting e de impedir a ida de Meichun para o hospital, como também de usar a força e matá-la propositalmente.

Os dois, mãe e filho, foram julgados. Havia um juiz, um júri, o secretário do tribunal, vários oficiais e policiais armados. Nas paredes estavam pendurados chicotes de couro, bastões elétricos e outros instrumentos de tortura.

A sra. Shi, ao ser interrogada, permaneceu calma e não demonstrou qualquer medo. Ela explicou que a falecida tinha uma doença terminal, o hospital a mandara para casa e ninguém pudera fazer nada a respeito.

Raivosos, deram-lhe pontapés, chicotearam-na e bateram nela com os bastões, até que ficasse inconsciente. Depois interrogaram Wuting e Wuming. Quando eles retornaram à cela, estavam irreconhecíveis devido a tantos hematomas e às feridas sangrando. Ao filho mais novo, Wuhao, que era professor, falaram:

> O que tem que fazer é simplesmente negar a crença em Jesus e contar sinceramente como sua família matou Meichun. Se fizer isso será absolvido e poderá continuar ensinando. Esperamos que colabore conosco neste assunto. Wuhao levantou a cabeça e disse: Jesus não é só Senhor da minha família, mas também meu Salvador pessoal. Eu jamais iria contra a minha consciência e negaria a minha fé por causa da minha condição de professor.[18]

Ele foi espancado até sangrar. Meying também não ficou isenta do castigo. Cada membro da família se declarou responsável pela morte de Meichun, por não a ter enviado para a família ou para o hospital. O interrogatório da mais nova deles é digno de registro e inspiração:

Interrogatório de Xiaoxiu, de 16 anos

O juiz, pensando que poderia tirar proveito daquela adolescente pequenina e magra, disse confiante: A sua família inteira confessou. O que você diz agora? Quem causou realmente a morte de Meichun?

Xiaoxiu respondeu calmamente: Meichun morreu de uma doença terminal. O que está querendo dizer com a sua pergunta, quem causou a morte dela? Se quiser saber quem foi responsável por orar a favor dela, posso, então, responder à sua pergunta, dizendo que foi minha irmãzinha e eu. Nós éramos mais chegadas a ela e oramos mais tempo.

Furioso, o juiz bateu novamente na mesa e berrou: Você é atrevida! É tão jovem, mas ousa querer enganar o governo do povo. Como é que vocês, simples crianças, podiam levar alguém à morte? Menina, prometo que não haverá céu para você aqui. Se continuar sendo teimosa e resistir, vou condená-la a oito ou dez anos de prisão. O seu futuro terá terminado! Não pense que estou brincando.

MÁRTIRES CRISTÃS

Mantendo a compostura, Xiaxiu respondeu: O meu futuro não é determinado por este mundo, mas pelo céu.

Apontando o dedo para ela, o juiz gritou: Não pense que por ser jovem pode resistir até o fim. Fique certa de que não a deixarei sair. Desta vez vou também sentenciá-la.

Xiaoxiu respondeu com pouco caso: Já que caí nas suas mãos, não tenho planos para voltar para casa. Minha família está pronta para terminar o curso que o Senhor Jesus determinou para nós.[19]

Naquela tarde, os nove membros da família Shi, amarrados, marcharam pelas ruas, com cartazes pendurados no pescoço, levando as palavras "Assassinos deliberados".

A família se submeteu a mais interrogatórios. Meizhen, com 24 anos, estava noiva e foi abandonada pelo noivo, por causa do que acontecia; ela sempre procurava levar a culpa, para diminuir as acusações contra sua irmã mais velha, Meiying. A jovem foi tão castigada, que não ficou um centímetro do seu corpo onde não estivesse ferida. Enfim, em 30 de agosto de 1983, em um teatro, condenaram a família Shi.

O local estava repleto e era patrulhado por homens com metralhadoras. Introduziram toda a família amarrada. O juiz principal pronunciou a sentença, apontando os nove como líderes de seita cristã, contrários à liderança do Partido, do governo do Povo e da Igreja Patriótica das Três Naturezas. Então, declarou que os acusados impediram Mu Meichun de buscar tratamento no hospital e a espancaram até a morte. Seguem as sentenças:

- A senhora Shi Lishi foi considerada líder da organização e a principal acusada do crime, sendo sentenciada à morte.
- Seu filho mais velho, Shi Wuting, também foi considerado líder e sentenciado à morte.
- Mu Meiying foi condenada à prisão perpétua.
- Mu Meizhen foi condenada a 15 anos de prisão.

MÁRTIRES CONTEMPORÂNEAS

- Shi Wuhao foi condenado a dez anos de prisão.
- Shi Wunning foi condenado a 4 anos de prisão.
- Shi Xiaoxiu foi condenada a 2 anos de prisão.
- Shi Gusher foi detido por dois meses.
- Shi Guzhen foi detido por dois meses.

Ao voltarem para as celas, cada um refletia no que lhes acontecera. A nora, Meiying, pensava em como um casal idoso e amoroso seria separado e como sua sogra e seu esposo se tornariam mártires pelo Senhor. As lágrimas brotaram de seus olhos, e os soluços eram incontroláveis. Foi então que o marido, escutando seu choro, falou:

> Meying, minha querida esposa, por que está chorando? Como posso deixar de beber o cálice que o Senhor me reservou? Não pensou que vivemos para o Senhor e, se morremos, somos do Senhor? Amada Meying, só vou estar um passo à sua frente. Muito em breve estaremos novamente juntos, para sempre. Não fique triste. Seja forte e corajosa. O que quer que aconteça, você deve viver plenamente para o Senhor. Não perca tempo.[20]

O casal desfrutou de duas semanas para se consolar na contemplação um do outro, através das grades. Compartilhando a mesma cela com a sogra, Meying pôde ajudá-la em tudo, e elas oravam juntas por país, povo, autoridades, perseguidores, igreja e família. Certa noite, ambas sonharam que vestiam roupas brancas e voavam em direção ao céu, até que contemplaram a Cristo com as mãos estendidas para recebê-las. No sonho, ele enxugou suas lágrimas e tocou levemente na cabeça delas.

O dia da execução chegou, 14 de setembro de 1983. Wuting e sua mãe estavam calmos, ajoelhados e esperando que mais de quarenta soldados disparassem contra eles. A ordem foi dada. Todos caíram mortos, menos Wuting e sua mãe, que continuavam ajoelhados. As autoridades não queriam que eles morressem facilmente. Eles ainda iriam desfilar para o público e seriam executados em outro local.

No dia seguinte, a família foi colocada em caminhões diferentes e levada ao local de execução. Wuting sorriu para a esposa e disse: "Meying, eu vou primeiro. Espero você na casa do Pai. Adeus!".[21] A irmã dela, Meichun, era a que mais desejava desfrutar do privilégio de sofrer o martírio com eles e se encontrar logo com o Senhor.

Após outro julgamento público de noventa criminosos, Shi Lishi e Shi Wuting foram levados para ser imediatamente executados junto a outros dois criminosos. Os dois outros criminosos desmaiaram, mas a mãe e o filho foram andando calmamente até o local do encontro com o Pai celestial. Eles sabiam que, para os santos, a morte é apenas a volta para casa.

A sra. Shi pediu permissão para orar. Mãe e filho se ajoelharam e suplicaram perdão para seu país e seu povo pelo pecado da perseguição aos cristãos. Depois de pedirem que Deus recebesse o espírito deles, foram alvejados. Apesar de ser meio-dia, com céu claro e sem qualquer nuvem, surgiram nuvens escuras; um vento forte começou a soprar e uma chuva inesperada e forte, com trovões e relâmpagos, caiu sobre o lugar. Mas nem toda aquela água pôde lavar o sangue dos inocentes naquele triste local de execução.

Bonnie Denise Penner Whiterrall (1971-2002): cuidadora das mães e de seus recém-nascidos baleada no Líbano[22]

> "Minha oração é que a morte de Bonnie e a imagem da morte de Cristo levem muitos de volta à cruz e ao céu"
> (Joseph Stowell, líder do Instituto Moody).[23]

[...] Agora estamos pensando em ir para a Península Arábica. Parece haver muitas opções para nós lá — ensinar inglês,

MÁRTIRES CONTEMPORÂNEAS

trabalhar com turismo ou apenas aprender árabe. Não sei agora
o que Deus me tem destinado. Ele está me conduzindo por um
caminho que não entendo muito bem. Mas eu vou segui-lo.[24]

Os ancestrais de Bonnie de ambos os lados eram menonitas,
alemães que viveram na Rússia e fugiram para o Canadá no início
do século 20. Eles criaram seus filhos em profundo amor e ensino
sobre o evangelho de Cristo.

Bonnie era filha de Ann e Al, um conselheiro envolvido com o
ministério de evangelismo em Los Angeles. Mas foi em Vancou-
ver, Washington, que Bonnie passou sua infância em uma encan-
tadora fazenda.

Aos dez anos, em um domingo depois do culto em sua igreja,
perguntou à sua mãe: "O que eu faço para saber se vou para o
céu?". A mãe explicou que ela saberia se cresse em Jesus Cristo
como seu Salvador. Nessa tarde Bonnie entregou sua vida a Cristo.

Aos 14 anos, ela se juntou ao grupo Missão Internacional de
Adolescentes, que envia milhares de adolescentes para várias partes do mundo, a fim de compartilhar sua fé.

Depois de sua graduação no ensino médio, matriculou-se na
Escola Bíblica Bondenseehof, no sul da Alemanha, desfrutando
de um tempo feliz de crescimento e aprendizado. Em 1992, Bon-
nie voltou para Chicago, onde nasceu, para estudar no Instituto
Moody. Em 1996, recebeu seu diploma de bacharel em Missões
Internacionais.

Ela se casou com Gary Witherall, em 1997, e se mudou para
Portland, Oregon, onde trabalharam em um banco. Bonnie estava se sentindo arrastada para o Oriente Médio, e não sabia se
poderia convencer o esposo Gary a ir. Então, começaram a olhar
para os países do Golfo Pérsico, mas descobriram que em muitos
deles Bonnie teria que vestir roupas pretas e usar véu, e o esposo
não gostava dessa ideia.

169

MÁRTIRES CRISTÃS

Ao ouvir os amigos falarem sobre o Líbano, ficaram mais animados: "Lá, você pode ser o que quiser. É um lugar lindo — tem montanhas, neve e é muito fértil por causa do clima mediterrâneo. E há cristãos lá".[25]

Na véspera da partida, Bonnie não queria ir, pois, mesmo animada, não gostava da ideia de deixar sua casa. No entanto, fazia sempre seu voto a Deus: "Senhor, eu quero me comprometer contigo mais uma vez. Obrigada por me amares incondicionalmente. Obrigada por enviares teu filho Jesus ao mundo para nos perdoar e nos dar esperança".[26]

O casal passou a se informar mais sobre o Líbano, sobre a coalisão de muçulmanos e maronitas cristãos, uma frágil parceria que durou até 1970, pois a população muçulmana cresceu muito mais, e ocorreu também a chegada de palestinos ao sul do país.

Na época do conflito entre Israel e Palestina, em 1982, Israel marchou sobre Beirute e ocupou o Líbano por duas décadas. Posteriormente, os muçulmanos tornaram-se a força política, religiosa e cultural dominante daquele país.

O casal missionário entendeu que era chegado o momento; assim, partiram de Londres para Beirute. Eles haviam sido convidados para trabalhar em duas igrejas: a terceira maior igreja de Sidom, próxima à fronteira de Israel, e uma congregação pequena, com um posto clínico e um local de reunião de trabalhadores cristãos.

Em Sidom, ao sul do Líbano, o trabalho de Bonnie era na clínica, no segundo andar de uma congregação da Igreja Batista Fayeteville, onde atendia pobres mulheres palestinas grávidas. Por mais de um ano cuidou delas, com muita dedicação e amor.

Geralmente, Bonnie chegava por volta das 7h30, bem antes das outras, para abrir a clínica. O edifício era identificável tanto pela cruz preta de ferro fundido sobre o portão quanto por uma faixa na frente do edifício, com uma frase em árabe, na qual se lia: "E Jesus lhes disse: Eu sou o pão da vida; quem me aceita nunca terá fome, e quem crê em mim nunca terá sede".[27]

MÁRTIRES CONTEMPORÂNEAS

A organização fora ameaçada depois que um grupo de líderes religiosos recebeu uma informação de que eles distribuíam literatura cristã e seus membros conversavam com grupos de jovens muçulmanos sobre Jesus. Alguns clérigos muçulmanos os denunciaram publicamente.

Os líderes de seitas muçulmanas e cristãs em Sidom, sempre sensíveis às possíveis fontes de divergências entre as comunidades, disseram que se reuniram com o grupo para fazê-los limitar suas atividades ao trabalho de caridade, mas não tiveram sucesso.

"Dissemos-lhe que (Bonnie) poderia ser vulnerável a insultos ou mesmo a ser agredida, e ela respondeu que consideraria uma honra",[28] foi a declaração do arcebispo da diocese católica romana, George Kwaiter, em uma reunião de líderes religiosos cristãos e muçulmanos, sobre a resposta de Bonnie quando alertada da possibilidade de ser atacada.

O Líbano podia ser descrito como uma zona de tolerância em uma região devastada por ódio e violência; contudo, a paz entre cristãos e muçulmanos era tênue. A cidade era conhecida por ser um viveiro de fundamentalistas muçulmanos, grupos terroristas e radicais libaneses que se opunham ao apoio dos Estados Unidos a Israel. Portanto, o clima era tenso.

Em uma manhã, chegando ao trabalho, a missionária Bonnie foi alvejada por um atirador terrorista. Ela foi baleada três vezes na cabeça à queima-roupa, com uma pistola de 7 milímetros, caindo dentro da porta do prédio de sua igreja e clínica.

O motivo do ataque foi considerado desconhecido, mas provavelmente estava ligado ao clima antiamericano no Oriente Médio. O Departamento de Estado acabava de alertar sobre possíveis ações terroristas contra cidadãos dos EUA no exterior, sobretudo no Oriente Médio e Norte da África.

Em seu sepultamento, os ministros a chamaram de "mártir" e disseram que ela morreu por suas crenças. "Ela não se preocupava com política e preferia falar sobre pessoas, mas foi pega em um

MÁRTIRES CRISTÃS

mundo que desconfia de motivos puros",[29] disse Grant Porter, líder da equipe missionária. Um representante da Igreja da Aliança no Líbano leu uma carta de seu presidente, Radwan Dagher, informando que o salão onde fora baleada seria renomeado em sua memória.

Bonnie deixou como legado, além de seu cuidado às mulheres libanesas, sua firme convicção de vocação e fé. Ela não temia a morte; vivia para agradar a Deus, e sua preocupação era estar no centro de sua vontade. Sigamos seu belo exemplo.

A PRÓXIMA PERSONAGEM é uma evangelista nigeriana: "Uma vez que alguém é cristão na Nigéria, sua vida está sempre em risco", disse Manga, cujo pai foi decapitado pelo Boko Haram.[30] "[Mas] não temos outro lugar para ir, não temos opção."[31]

As violações da liberdade religiosa na Nigéria estão ligadas a uma presença islâmica em rápido crescimento na região do Sahel africano. A nação mais populosa da África ficou em primeiro lugar nas subcategorias da lista mundial da perseguição, com cristãos mortos, sequestrados, assediados sexualmente e abusados física ou mentalmente. E ficou em segundo lugar nas subcategorias de ataques à igreja e deslocamento interno [forçado]: "Tornou-se [...] cada vez mais claro que cristãos (e grupos minoritários) não podem contar com o aparato de segurança pública para sua proteção". A Nigéria tem quatro em cada cinco mártires; a China tem três em cada cinco ataques a igrejas, e o Afeganistão, agora, está pior do que a Coreia do Norte.[32]

Eunice Olawale (1974-2016): a Bíblia foi seu travesseiro após seu martírio na Nigéria[33]

> "Esta é uma mulher que prega todas as manhãs. Ela sempre adverte as pessoas a se arrependerem, porque o reino de Deus está próximo" (Sam, chefe de segurança).[34]

MÁRTIRES CONTEMPORÂNEAS

Ninguém pode entender como me sinto [...] Ela é inocente; não fez mal a ninguém. Ela usa apenas seu megafone e a Bíblia para pregar. Eles a mataram como uma galinha e a deixaram lá" (filha da evangelista assassinada).[35]

Eunice nasceu em 23 de julho de 1974, no estado de *Ekiti*, Nigéria, e se casou com Elisha Olawale, um pastor, em 2000. Seu esposo afirmava que ela era trabalhadora, temente a Deus e solidária no sustento da família. Eunice era uma mulher humilde e uma pregadora apaixonada. A família vivia na área de Kybwa da capital nigeriana Abuja, e era formada pelo casal e sete filhos. Ela era bem conhecida por ter pregado naquela área por 16 anos.

A evangelista costumava usar um megafone e pregar diariamente nas ruas. Quando Elisha, seu marido, a ouviu falar de uma mesquita próxima ao local onde pregava, alertou-a sobre o perigo que corria, mas ela não lhe deu ouvidos, pois sentia grande alegria em divulgar o evangelho de Cristo, saindo de casa antes das 6h da manhã para seu "clamor matutino".

Mas, em 9 de julho de 2016, ela saiu e não voltou mais. Eunice Olawole, de 41 anos, foi decapitada e morta enquanto pregava uma mensagem bíblica em Abuja, capital da Nigéria. Foi encontrada com a cabeça apoiada sobre a Bíblia que costumava usar nas pregações.

Acredita-se que foi decapitada e teve as pernas arrancadas por fundamentalistas islâmicos. Ela foi encontrada em uma poça de sangue com sua Bíblia, um megafone e seu celular, depois que saiu de casa por volta das 5h da manhã daquele dia fatídico.

O relatório da polícia também indica que Eunice foi esfaqueada no estômago no momento do ataque. Seis suspeitos foram detidos e ficaram sob investigação.

No dia em que foi encontrada morta, ela saiu enquanto o marido ainda estava dormindo. Dois de seus filhos também saíram para jogar futebol e voltaram para casa por terem ouvido

MÁRTIRES CRISTÃS

outros jogadores comentando sobre uma mulher encontrada assassinada.

Os comentários eram de que alguns arruaceiros mataram uma mulher que estava pregando; quando Elisha correu para o local, encontrou o corpo de sua esposa já dentro do carro da polícia.

O portal *Christian Daily* relembrou que, no início daquele mesmo ano, o bispo nigeriano Matthew Hassan Kukah visitou os Estados Unidos para aumentar a consciência sobre a perseguição aos cristãos em sua terra natal. Ele foi convidado pela instituição Aid to the Church in Need (ACN), que auxilia cristãos necessitados e os convida a ir a Boston, Nova York e Washington, DC a fim de compartilhar detalhes de sua experiência sobre o assunto.

Na ocasião, Matthew contou que os muçulmanos nigerianos acreditam que o islamismo é uma religião superior e que na maioria do país os cristãos têm pouco ou nenhum acesso aos serviços públicos; além disso, templos estão sendo incendiados, e as autoridades nada fazem.

A família da falecida anunciou que ela seria enterrada no sábado, duas semanas após ser horrivelmente assassinada. A data do enterro foi definida por ser seu aniversário, quando ela completaria 42 anos.

A mãe de sete filhos, que deixou seus pais idosos, seis irmãos e seu marido, foi supostamente assassinada por alguns jovens muçulmanos que receberam ordens de um imã encarregado de uma mesquita próxima ao local do assassinato.

> Sinceramente, reduzimos nossa humanidade quando pessoas como nós, nigerianos, nossos compatriotas, são mortos em circunstâncias questionáveis e não conseguimos desvendar os mistérios que cercam esses assassinatos semanas, meses, anos e até décadas depois que esses males são perpetrados.[36]

Essas são as palavras de um jornalista indignado com os fatos ocorridos em seus país. Também ficamos indignados quando pessoas que estão cumprindo o "Ide" de Jesus são caladas pela brutalidade e ignorância daqueles que não aceitam uma fé diferente da sua.

Deborah Samuel Yakubu (?-2022): estudante espancada e queimada viva por ser grata a Cristo[37]

"Jesus Cristo é maior e me ajudou a passar nos exames."[38]

Informações que nos chegam de fontes confiáveis, incluindo amigos, estudantes e familiares próximos, revelam que a senhorita Deborah Samuel Yakubu foi torturada, apedrejada, linchada e terrivelmente assassinada, e seu corpo incendiado como resultado de um comentário que ela fez em seu grupo departamental no WhatsApp, que seus assassinos alegaram ser blasfêmia contra o profeta Maomé.[39]

Deborah nasceu na vila de Tungan Makajiya, no estado de Kebbi, e estudava na Faculdade Shehu Shagari, no estado de Sokoto, Nigéria, onde, no dia 12 de maio de 2022, foi assassinada por um grupo de estudantes muçulmanos.

A estudante era membro da Confraternização de Estudantes Cristãos e reagiu contra publicações religiosas em um grupo de WhatsApp, criado para tratar de assuntos acadêmicos. Sua postagem, a qual afirmava que fora graças a Jesus que conseguira sua aprovação, foi interpretada como ofensa, e os colegas a ameaçaram.

Conforme o site nigeriano *The Guardian*, a cristã saiu da faculdade imediatamente, mas um grupo de homens a pegou, agrediu e apedrejou, até que ficasse inconsciente. Em seguida, colocaram fogo em seu corpo.

MÁRTIRES CRISTÃS

Segundo o porta-voz da Portas Abertas na África Subsaariana, o dia (12 de maio de 2022) é trágico para os cristãos no Nordeste da Nigéria: "Nos juntamos à família de Deborah e à comunidade cristã em luto pela morte dela. Condenamos esse ato e pedimos às autoridades que tomem medidas rápidas para identificar e prender os autores do crime".[40]

Há relatos de que a mãe dela teve um colapso nervoso ao saber da morte da filha e está internada no hospital local. Durante o ataque, a faculdade foi fechada e todos os alunos foram orientados a deixar o campus imediatamente. Os policiais afirmaram que os estudantes fizeram uma barricada na estrada de Sokoto a Jega, mas que prenderam duas pessoas envolvidas no assassinato.

Sokoto, no nordeste do país, pertence aos 12 estados onde o governo é baseado na *sharia* (conjunto de leis islâmicas). As autoridades da região condenaram o incidente e pediram que as agências de segurança punissem os verdadeiros culpados.

O conselho do sultanato do estado publicou um comunicado de imprensa afirmando que "condenou o incidente em sua totalidade e pediu às agências de segurança que levassem os autores do incidente injustificável à justiça".[41]

De igual forma, o líder cristão local, Matthew Hassan Kukah, expressou tristeza pela morte de Deborah e solicitou que família, colegas e autoridades da escola tenham garantia de que os culpados sejam julgados conforme a legislação do país, independentemente da motivação.

Condenando a ajuda da multidão, que resultou na violência e morte de Deborah, o presidente Buhari disse que a notícia do assassinato da jovem por colegas estudantes era motivo de preocupação e exigia uma investigação imparcial e extensa de tudo o que aconteceu antes e durante o incidente. Ele afirmou: "Os muçulmanos de todo o mundo exigem respeito pelos Santos Profetas, incluindo Isah (Alaihissalaam, Jesus Cristo) e Muhammad

MÁRTIRES CONTEMPORÂNEAS

(Maomé), mas, onde ocorrem transgressões, como é alegado nesse caso, a lei não permite que ninguém faça justiça com suas próprias mãos".[42]

A diretora da Anistia Internacional, Osai Ojigho, disse ao *The Guardian* que as autoridades nigerianas devem garantir que os responsáveis pela morte de Deborah sejam imediatamente presos e levados à justiça. Osai afirmou que o vídeo da morte mostra que ela foi espancada e apedrejada em frente ao posto de segurança da escola antes que os pneus fossem colocados nela, acrescentando que um segundo vídeo mostra seus agressores se gabando de sua morte. Ela alertou ao governo federal, pedindo que reduza a impunidade e prenda todos os envolvidos nesse ato repreensível.

O advogado Karamola, da Associação Cristã da Nigéria (CAN), declarando que o acontecido foi uma grande infelicidade, afirmou que o ato ilegal e covarde não deve ser condenado apenas pelas pessoas corretas, mas também pelos agentes de segurança que precisam buscar os perpetradores e processá-los, como se espera deles.

Ele apelou a todos os pregadores da intolerância religiosa, do extremismo e do terrorismo, pedindo que se arrependam antes que a ira de Deus desça sobre eles, porque são agentes da morte. Matar por qualquer deus é ímpio, satânico, tolo, repreensível e totalmente inaceitável.

Karamola sustentou que não estamos na Idade da Pedra e que a Nigéria não é uma "República das Bananas", mas um Estado laico, onde nenhuma religião é suprema em relação à outra. Por fim, declarou que era solidário à família de Débora, orando para que Deus os consolasse em nome de Jesus, agradecendo aos nigerianos pela condenação a respeito desse crime hediondo.

CHEGANDO AO FINAL DESTE LIVRO, aprendemos com essas mártires que a fé é a força do cristão em tempos de crise. Com fé, agradamos a Deus; com fé, cantamos hinos de louvor a ele, mesmo na presença da morte; com fé, enfrentamos perseguições, sofrimentos físicos e emocionais; com fé, não sentimos qualquer medo; com fé, evangelizamos sem nos calar diante das ameaças.

Foi para defender sua fé que os mártires resistiram, enfrentando fogo, água, fome, prisão, tortura, mutilações, humilhações, escárnios etc. E tudo fizeram sem temor, com alegria e entoando hinos de louvor ao Deus que os criou e ao seu Mestre Jesus Cristo, que lhes prometeu que estariam com ele no paraíso.

Encerramos com as relevantes palavras do escritor de *O espelho dos mártires*:

> É dever da Igreja manter e ensinar o puro evangelho de Jesus Cristo e transmiti-lo às gerações vindouras; e, ao contemplarmos esses fatos, que glorioso tesouro de pura devoção cristã resplandece nestas páginas da História dos Mártires, e quanto este grande registro de seus sofrimentos fez e ainda pode fazer para perpetuar as puras doutrinas do evangelho, somente a eternidade revelará.[43]

Que assim procedamos, e sigamos ensinando o puro evangelho de Cristo.

Amém!

PALAVRAS FINAIS

FOI ENRIQUECEDORA A PESQUISA do relato de cristãs que sofreram o martírio na fidelidade à fé cristã. Como é bom ler, escrever e se emocionar durante o processo e, posteriormente, com as reflexões das leituras feitas pelos leitores.

Constatamos novamente a dificuldade de encontrar mais dados sobre as mulheres na história cristã. Sabemos que o incômodo pela não citação dos nomes femininos não causou estranhamento por muito tempo, até que, finalmente, se tornasse objeto de pesquisa e descobertas, abordando os motivos pelos quais isso ocorreu.

O interesse pelo estudo da história das mulheres surgiu no século 20, e somente na segunda metade desse século foram cogitadas as causas dessa negligência. Havia um desinteresse que se manifestava na ausência das mulheres como objeto do estudo histórico, por sua falta de protagonismo e por serem poucas as pesquisas e os registros feitos por elas próprias.

Para que surgisse uma "História das Mulheres", foi necessária a percepção de que foram relegadas e de que não existia uma história do ser humano em geral, mas uma história focada somente em um dos gêneros. A partir disso, houve o aumento da participação feminina na escrita da história, que começou a ser produzida tendo-as como sujeito e centro da pesquisa.

MÁRTIRES CRISTÃS

O trabalho não é fácil, pois o relato das fontes antigas não deve ser feito de forma simples e confiante, para não reforçar pontos de vistas conservadores em relação à mulher. Mesmo considerando a escassez dos documentos, eles devem ser utilizados com critério, tendo em mente que foram feitos majoritariamente a partir de um só ponto de vista.

É interessante destacar que não havia qualquer preocupação das mulheres por elas próprias no que se refere à sua história; nos arriscamos a afirmar que até hoje existem aquelas que ainda não têm esse interesse. Parece-nos que há uma desconsideração ou uma conveniência em não falar sobre seus feitos, mediante a opinião equivocada de que não são relevantes.

Portanto, é considerado normal que essas histórias não sejam contadas. Mas essa ausência de interesse leva a uma falta de sua valorização nos ambientes sociais e, infelizmente, na própria igreja, lugar de serviço cristão e de igualdade no exercício dos dons espirituais. Muito pior do que não ser citada na história cristã é não participar dela, ao enterrar os talentos concedidos por nosso Pai Celestial.

Esse é um dos motivos que nos levam a pesquisar essa linda história. Outro é provar que nossas precursoras, além de cristãs dignas do sublime nome que carregavam, envolveram-se de forma plena no reino de Deus. E, com essas descobertas, motivamos as cristãs atuais.

Neste livro escrevemos sobre aquelas que deram a vida em testemunho do que criam. Betty Scott Stam, uma dessas mártires, viveu por pouco tempo aqui na terra. Em 1931, sua família missionária e destemida a levou para a China, quando ela tinha apenas um ano de vida; anos depois, ela se tornou missionária. Capturada em uma rebelião comunista, sem qualquer medo, ajoelhou-se ao lado do marido morto, curvou a cabeça e foi decapitada.

Qual o temor de morrer que o cristão pode sentir? — foi a pergunta feita pelo missionário Hamilton, que relatou o martírio do missionário J. W. Vinson. Quando lhe perguntaram se ele tinha medo de morrer, respondeu: "Não! Se você atirar, eu vou direto para o céu!".[1] Os soldados chineses dispararam e Vinson foi para o céu, entregando sua vida até a morte.

O poema, intitulado "Medo? De quê?" foi escrito pelo missionário presbiteriano E. H. Hamilton após o martírio daquele seu amigo nas mãos de soldados rebeldes na China. Uma menina que conseguiu escapar relatou o incidente que serviu de inspiração para o poema.

Medo? De quê?

Medo? De quê?
De sentir a alegre libertação do espírito?
De passar da dor à paz perfeita,
Da luta e tensão da vida cessar?

Medo? Disso?
Medo? De quê?
De ver o rosto do Salvador,
De ouvir suas boas-vindas e descobrir
A glória brilhando das feridas curadas por sua graça?
Medo — disso?

Medo? De quê?
De um flash, um estrondo, um coração perfurado;
Da breve escuridão, da luz — Ó arte do céu!
De ver a ferida dele em contrapartida!
Medo — disso?

Medo? De quê?
De fazer na morte o que na vida não poderia —
De batizar com sangue um terreno pedregoso,
Até as almas florescerem do local?
Medo — disso?

E. H. Hamilton[2]

MÁRTIRES CRISTÃS

Esse poema foi citado em carta pelo missionário mártir John Stam aos seus pais. Ele concluiu seu relato louvando a Deus porque tudo estava bem, afirmando que, se tivessem que partir antes, seria apenas para desfrutar mais rápido da bem-aventurança da presença do Salvador e ser liberados da luta contra o pecado e Satanás. Enquanto isso não ocorresse, eles continuavam a louvar aquele de quem fluem todas as bênçãos.

Queridos leitores, continuemos a louvar o doador das mais maravilhosas bênçãos e sigamos as recomendações de Hebreus 12.1-2:

> Portanto, também nós, visto que temos a rodear-nos tão grande nuvem de testemunhas, desembaraçando-nos de todo peso e do pecado que tenazmente nos assedia, corramos, com perseverança, a carreira que nos está proposta, olhando firmemente para o Autor e Consumador da fé, Jesus, o qual, em troca da alegria que lhe estava proposta, suportou a cruz, não fazendo caso da ignomínia, e está assentado à destra do trono de Deus.

NOTAS

Palavras iniciais

[1] REILLY, A. J. O'. *Os mártires do Coliseu.* Rio de Janeiro: CPAD, 2005, p. 10.

Capítulo 1

[1] Disponível em: https://stringfixer.com/files/93899427.jpg. Acesso em: 23 mar. 2022.

[2] Disponível em: https://www.facebook.com/StaMartaYSanRoque/photos/a.639540709445519/5656567394409467/. Acesso em: 14 abr. 2022.

[3] O'REILLY, A. J., op. cit., p. 151.

[4] TÁCITO. *Anais.* Trad. e prólogo de Leopoldo Pereira. Rio de Janeiro: Ediouro (s.d.), XV.44, p. 248.

[5] FOXE, John. *O livro dos mártires.* Trad. Almiro Pisetta. São Paulo: Mundo Cristão, 2003, p. 21.

[6] CINTRA, Luiz Fernando. *Os primeiros cristãos.* 2. ed. São Paulo: Quadrante, 1991, p. 48.

[7] ROPS, Daniel. *A igreja dos apóstolos e dos mártires.* Trad. Emérico da Gama. São Paulo: Quadrante, 1988, p. 187.

[8] BEAUDE, Pierre-Marie. *Premiers chrétiens, premiers martyrs.* Paris: Gallimard Éditeur, 1993, p. 66.

MÁRTIRES CRISTÃS

[9] CORNÉLIO FRONTO apud VISALLI, Gayla (ed.). *Depois de Jesus, o triunfo do Cristianismo*. Rio de Janeiro: Reader's Digest Brasil Ltda, 1999, p. 137.

[10] MINUCIUS FÉLIX apud Louis Rougier, na introdução de: CELSO. *Discurso contra os cristãos*. Texto latino do século 2 d.C. Intr. trad. Louis Rougier. São Paulo: Bira Câmara Editor, 2010, p. 13-14.

[11] GONZÁLEZ, Justo L. *A era dos mártires*. Uma história ilustrada do cristianismo. Trad. Key Yuasa. São Paulo: Vida Nova, 1995, v. 1, p. 49.

[12] CANTU, Césare. *História Universal*. São Paulo: Editora das Américas (s.d.), v. 7, p. 170.

[13] Ibid., p. 170-171.

[14] Ibid., p. 174.

[15] Ibid., p. 173.

[16] TERTULIANO apud CANTU, Césare. *História universal*, v. 7, p. 175.

[17] PELLISTRANDI, Stan-Michel. *O cristianismo primitivo*. Rio de Janeiro: Otto Pierre Editores, 1978, p. 238.

[18] TERTULIANO. Apol. 39 apud ROMAG, Dagoberto. *A Antiguidade cristã*. Petrópolis: Vozes, 1941, v. 1, p. 100.

[19] CELSO. *Discurso contra os cristãos*. Texto latino do século 2 d.C. Introdução e tradução de Louis Rougier. São Paulo Bira Câmara Editor, 2010, 1.13, p. 40.

[20] ORÍGENES, preâmbulo de *Contra Celso* apud Louis Rougier (Intr.). *In*: CELSO, op. cit., p. 27-28.

[21] LUCIANO DE SAMÓTASA. *A morte do peregrino* apud Louis Rougier, na introdução de: CELSO, op. cit., p. 13-14.

[22] CELSO, op. cit., p. 58.

[23] Estoico: seguidor do estoicismo (Atos 17.18), doutrina fundada por Zenão de Cítio (335-264 a.C.) que pregava uma ética impecável sem perturbações e paixões, com a aceitação resignada do destino. Só o homem racional e sábio experimenta a verdadeira felicidade, com foco no conhecimento e na harmonia com a natureza.

[24] MARCO AURÉLIO. *Meditações*, 11.2 apud GONZÁLEZ, Justo L., op. cit., p. 73-74.

[25] Fontes: EUSÉBIO DE CESARÉIA. *História Eclesiástica*. Trad. Wolfgang Fischer. São Paulo: Novo Século, 1999, Livro V, 1.41,

NOTAS

p. 154-161; ROPERO, Alfonso. *Mártires y Perseguidores.* Historia General de las Persecuciones (siglos I-X). Barcelona: Clie, 2010, p. 141-142; RUINART, Teodorico. *Las verdaderas actas de los martires.* Madri: D. Joachin Ibarra, 1776, Tomo 1. p. 70-90. Disponível em: https://bibliotecadigital.jcyl.es/es/consulta/registro.do?id=12816. Acesso em: 4 fev. 2022.

[26] RUINART, Teodorico. *Las verdaderas actas de los martires.* Madri: D. Joachin Ibarra, 1776, Tomo 1, p. 71. Disponível em: https://bibliotecadigital.jcyl.es/es/consulta/registro.do?id=12816. Acesso em: 4 fev. 2022.

[27] EUSÉBIO DE CESARÉIA., op. cit., livro V, 1.41, p. 159.

[28] Ibidem, livro V, 1.18, p. 154.

[29] Ibidem, livro VIII, 7, 4-6 apud ROPERO, Alfonso. *Mártires y Perseguidores*, p. 142.

[30] Ibidem, livro V, 1.52, p. 159.

[31] BEAUDE, Pierre-Marie., op. cit., p. 98-99.

[32] GONZÁLEZ, Justo L., op. cit., p. 134-135.

[33] Fontes: ALEXANDRE, Monique. *Palavras de mulheres.* In: PANTEL, Pauline Schmitt (Dir.). *História das Mulheres. A Antiguidade.* Trad. Alberto Couto e outros. Porto: Afrontamento, 1990, v. 1, p. 606-610; BRACHT, Thieleman J. Van. *O espelho dos mártires.* Trad. Publicadora Menonita. Boituva: Monte Sião do Brasil, 2012, p. 94; LIFTIN, Bryan M. *Conhecendo os mártires da Igreja Primitiva.* Uma introdução evangélica. Trad. Marcelo Brandão Cipolla. São Paulo: Vida Nova, 2019, p. 109-128; RUINART, Teodorico. *Las verdaderas actas de los martires.* Tomo primeiro, p. 128-151. Disponível em: https://bibliotecadigital.jcyl.es/es/consulta/registro.do?id=12816. Acesso em: 4 fev. 2022, p. 128-129;

[34] LIFTIN, Bryan M., op. cit., p. 128.

[35] Serápis: divindade sincrética egípcia e grega, introduzida em Alexandria no século 4 a.C. Seu nome era a fusão de Osíris (deus egípcio) e Ápis (o touro sagrado de Mênfis), e personificava a majestade divina.

[36] ALEXANDRE, Monique, op. cit., v. 1, p. 607.

MÁRTIRES CRISTÃS

[37] RUINART, R. P. D. Teodorico. *Las verdaderas actas de los martires*. Tomo primero, p. 128-130. Disponível em: https://biblioteca-digital.jcyl.es/es/consulta/registro.do?id=12816. Acesso em: 4 fev. 2022.

[38] Ibidem, p. 131-132.

[39] Ibidem, p. 133-134.

[40] Ibidem, p. 134. Relato típico de uma mãe que amamenta e sofre quando não pode fazê-lo.

[41] TERTULIANO apud BRACHT, Thieleman J. Van. *O espelho dos mártires*, p. 94. Embora alguns pais da igreja cressem que a alma de todo cristão podia ir direto para o paraíso, muitos acreditavam que apenas os mártires escapavam do Hades e iam imediatamente para o altar de Deus.

[42] Op. cit.

[43] A vaca era símbolo do aleitamento materno. Perpétua e Felicidade renunciaram aos filhos e foram comparadas a uma vaca selvagem como sinal de escárnio pela rejeição do papel materno tradicional. Contudo, elas não rejeitaram a maternidade, apenas a puseram em segundo plano por uma causa maior.

[44] LIFTIN, Bryan M, op. cit., p. 126.

[45] RUINART, R. P. D. Teodorico. *Las verdaderas actas de los martires*. Disponível em: https://bibliotecadigital.jcyl.es/es/consulta/registro.do?id=12816. Acesso em: 4 fev. 2022, tomo primeiro, p. 151.

[46] Op. cit.

Capítulo 2

[1] Jan Luyken, av. 1712. Disponível em: https://fr.wikipedia.org/wiki/Th%C3%A9odora_et_Didyme#/media/Fichier:Theodora_and_Didymus.jpg. Acesso em: 22 abr. 2022.

[2] Disponível em: https://www.johnsanidopoulos.com/2018/04/synaxarion-of-holy-martyrs-theodora-and.html. Acesso em: 26 abr. 2022.

[3] EUSÉBIO DE CESARÉIA, op. cit., livro VIII, XIV.14, p. 291.

NOTAS

4 AMBRÓSIO. *Tratado de las virgenes.* Trad. A. Conca. Buenos Aires: Nueva Biblioteca Filosófica TOR/ Rio de Janeiro: Dirección, Administración y Talleres (s.d.), p. 24.

5 GONZÁLEZ, Justo, op. cit., p. 163-166.

6 EUSÉBIO DE CESARÉIA, op. cit., livro VIII. II, 4, p. 275.

7 AMBROSIO, op. cit., p. 42.

8 AMBROSIO, op. cit, p. 21.

9 ROPERO, Alfonso, op. cit., p. 145.

10 Era filho do imperador Maximiano e genro de Galério.

11 EUSÉBIO DE CESARÉIA, op. cit., p. 285-292.

12 ROPERO, Alfonso, op. cit., p. 153.

13 A doença que atacou Galério assemelhava-se à do rei Herodes Agripa. A Bíblia declara que Herodes, ferido fatalmente por um anjo do Senhor, foi comido por vermes e morreu por não adorar a Deus (Atos 12.23). Foi narrado à época que Galério também foi comido por vermes.

14 LACTÂNCIO. *De mort. persec.* XXXIV. Edito de Tolerância (311). *In:* BETTENSON, H. *Documentos da igreja cristã.* 3. ed. São Paulo: Aste/Simpósio, 1998, p. 48-49.

15 *Saints Timothy and Maura.* Disponível em: https://www. stmarymagdalenechurch.org/news_140421_3. Acesso em: 8 abr. 2022; *Timóteo e sua esposa Maura, Mártires de Antinópolis.* 1 maio 2019, by Ecclesia Brasil. Disponível em: https://www.ecclesia.org. br/sophia/?p=36675. Acesso em: 14 abr. 2022; HUNTER-KILMER, Meg. *Torturados cruelmente por praticar sua fé, juntos eles se recusaram a negar a Cristo.* 27 abr. 2017. Disponível em: https:// aleteia.org/2017/04/27/saints-timothy-and-maura-newlyweds -martyred-together/. Acesso em: 15 abr. 2022; FOXE, John., *op. cit.* CPAD, 2020, p. 33.

16 *Saints Timothy and Maura.* Disponível em: https://www.stmary magdalenechurch.org/news_140421_3. Acesso em: 8 abr. 2022.

17 HUNTER-KILMER, Meg. *Saints Timothy and Maura, newlyweds martyred together.* 27 abr. 2017. Disponível em: https://aleteia.org/2017/04/ 27/saints-timothy-and-maura-newlyweds-martyred-together/. Acesso em: 15 abr. 2022 (Grifo nosso).

MÁRTIRES CRISTÃS

[18] FOXE, John, op. cit. CPAD, 2020, p. 33.

[19] HUNTER-KILMER, Meg. *Saints Timothy and Maura, newlyweds martyred together*. 27 abr. 2017. Disponível em: https://aleteia. org/2017/04/27/saints-timothy-and-maura-newlyweds-martyred -together/. Acesso em: 15 abr. 2022.

[20] *Saints Timothy and Maura*. Disponível em: https://www.stmary magdalenechurch.org/news_140421_3. Acesso em: 8 abr. 2022.

[21] Fonte: BRAGHT, Thielem J. Van. *The Bloody Theatre, or Martyrs Mirror of the Defenseless Christians*. Traduzido para o inglês dos originais alemão ou holandês da edição de 1660, por Joseph F. Sohn. Elkhart, Indiana: Mennonite Publishing Company, 1886. EBook do Project Gutenberg, 2021. Disponível em: https://www.guten berg.org/files/65855/65855-h/65855-h.htm. Acesso em: 11 maio 2022.

[22] Ibidem, p. 171.

[23] Atualmente, Mérida é um município e cidade da Espanha situado ao norte da província de Badajoz. É a capital da comunidade de Estremadura e da comarca da Tierra de Mérida-Vegas Bajas. Foi fundada como colônia romana em 25 a.C. pelo imperador Otávio Augusto, como lugar de soldados aposentados.

[24] BRAGHT, Thielem J. Van. *The Bloody Theatre*, p. 171.

[25] Loc. cit.

[26] Fontes: RUINART, R. P. D. Teodorico, op. cit., tomo segundo, p. 252-257. Disponível em: https://bibliotecadigital.jcyl.es/es/con sulta/registro.do?id=12816. Acesso em: 28 jan. 2022; AMBROSIO DE MILÃO, op. cit., p. 47-56; FOXE, John, op. cit., CPAD, 2020, p. 20-21.

[27] AMBROSIO DE MILÃO, op. cit, p. 50.

[28] Ibidem, p. 49.

[29] O bispo Ambrósio não recomendava o matrimônio, o que pode ser constatado nas Confissões de Agostinho.

[30] Os prefeitos administravam as províncias e exerciam as funções judiciais.

[31] Em Roma, o papel do advogado foi importante pela atuação dos patronos, homens de profundo saber jurídico que eram encarregados

NOTAS

da defesa de seus clientes, principalmente os denominados "gentios", que não tinham a cidadania romana, mesmo residindo na cidade de Roma.

[32] RUINART, R. P. D. Teodorico. *Las verdadeiras actas de los mártires. Sacadas, revista, y corregidas sobre muchos antiguos manuscritos com el título de Acta primorum marttrum sincera at selecta*, tomo segundo, p. 252-257. Disponível em: https://bibliotecadigital.jcyl.es/es/consulta/registro.do?id=12816. Acesso em: 28. jan. 2022.

[33] AMBROSIO, op. cit., p. 49-50.

[34] RUINART, R. P. D. Teodorico. *Las verdadeiras actas de los mártires*. Tomo segundo, p. 257. Disponível em: https://bibliotecadigital.jcyl.es/es/consulta/registro.do?id=12816. Acesso em: 28. jan 2022.

[35] Ibidem, p. 260.

[36] AMBRÓSIO DE MILÃO, op. cit., p. 55.

[37] Fontes: RUINART, R. P. D. Teodorico. *Las verdadeiras actas de los mártires*. Disponível em: https://bibliotecadigital.jcyl.es/es/catalogo_imagenes/grupo.do?path=10074927. Acesso em: 28 jan. 2022, tomo II, p. 123-175; EUSÉBIO DE CESARÉIA, op. cit., p. 290-296.

[38] EUSÉBIO DE CESARÉIA, op. cit, XII.14, p. 291.

[39] RUINART, R. P. D. Teodorico. *Las verdadeiras actas de los mártires*. Disponível em: https://bibliotecadigital.jcyl.es/es/catalogo_imagenes/grupo.do?path=10074927. Acesso em: 28 jan. 2022, tomo II, p. 131-132.

[40] Ibidem, p. 145-146.

[41] O sepultamento era bem importante à época, e os cristãos sempre providenciavam um local adequado para enterrar seus mortos.

[42] RUINART, R. P. D. Teodorico. *Las verdadeiras actas de los mártires*. Disponível em: https://bibliotecadigital.jcyl.es/es/consulta/registro.do?id=12816. Acesso em: 28 jan. 2022, tomo II, p. 158.

[43] Potro ou cavalete era um instrumento de tortura, um tipo de mesa retangular, com roldanas nas extremidades. Os pulsos e os calcanhares da vítima ficavam presos nele.

[44] RUINART, R. P. D. Teodorico. *Las verdadeiras actas de los mártires*. Disponível em: https://bibliotecadigital.jcyl.es/es/consulta/

MÁRTIRES CRISTÃS

registro.do?id=12816.es/grupo.do?path=10074927. Acesso em: 28 jan. 2022, tomo II, p. 164.

45 Ibidem, p. 167-168.

Capítulo 3

1 Jeanne D'Arc, por Albert Lynch, 1903. Disponível em: https://i. pinimg.com/originals/d0/47/b9/d047b9afec7a46929f5b265dcd c876f4.jpg. Acesso em: 25 abr. 2022.

2 Disponível em: https://upload.wikimedia.org/wikipedia/com mons/7/7e/Panth%C3%A9on_-_Jeanne_d%27Arc_sur_le_b% C3%BBcher_%28hlw16_0301%29.jpg. Acesso em: 18 abr. 2022.

3 FORTES, Carolina Coelho. *Os mártires na legenda áurea: a reinvenção de um tema antigo em um texto medieval.* UFRJ-PEM / Universidade Gama Filho. Disponível em: https://www.pem.historia.ufrj. br/arquivo/carolfortes002.pdf. Acesso em: 20 jan. 2022.

4 RIVERA GARRETAS, Maria-Milagros. *La diferencia sexual em la história.* p. 113, apud OLIVEIRA, Leandro da Motta. *Marguerite Porete e as Beguinas.* A importante participação das mulheres nos movimentos espirituais e políticos da Idade Média. São Paulo: Dialética, 2021, p. 65.

5 DURANT, Will. *História da civilização.* 2. ed. Trad. Monteiro Lobato. São Paulo: Companhia Editora Nacional, 1957, v. 2, p. 357-358.

6 BETTENSON, Henry (Ed.). *Documentos da igreja cristã.* 3. ed. Trad. Helmuth Alfred Simon. São Paulo: ASTE/SIMPÓSIO, 1998.

7 FINKE. Enrique. *La mujer em la edad media.* Trad. alemán Ramon Carande. Madrid: Revista de Occidente, 1926, p. 72.

8 VAUCHEZ, André. *A espiritualidade na Idade Média Ocidental.* Trad. Lucy Magalhães. Rio de Janeiro: Zahar, 1995, p. 149.

9 ROPS, Daniel. *A igreja das catedrais e das cruzadas.* Trad. Emérico da Gama. São Paulo: Quadrante, 1993, p. 610.

10 EYMERICH, Nicolau, op. cit., p. 210-211.

11 Ibidem, p. 212.

12 ROPS, Daniel. *A igreja das catedrais e das cruzadas*, p. 610.

190

[13] Fontes: WALTON, Robert C. *História da igreja em quadros*. Trad. Josué Ribeiro. São Paulo: Vida, 2000; WILLIAMS, Terri. *Cronologia da história eclesiástica em gráficos e mapas*. São Paulo: Vida Nova, 1993.

[14] SCHLESINGER, Hugo e PORTO, Humberto. *Dicionário enciclopédico das religiões*. Petrópolis: Vozes, 1995, V. 1 (A-J), p. 1405.

[15] *Vita apostólica*: imitação da vida de Cristo e dos apóstolos.

[16] Fontes: EYMERICH, Nicolau. *Manual dos Inquisidores*. Directorium Inquisitorum. 1376. Comentado, revisto e ampliado por Francisco de La Peña, 1578. Trad. Maria José Lopes da Silva. Brasília: EDUNB, 1993; OLIVEIRA, Leandro da Motta, op. cit; PORETE, Marguerite. *O espelho das almas simples e aniquiladas e que permanecem somente na vontade e no desejo do Amor*. Trad. e notas de Sílvia Schwartz. Petrópolis: Vozes, 2008; SCHWARTZ, Silvia. *A beguine e Al'Hykh*. Um estudo comparativo da aniquilação mística em Marguerite Porete e Ibn'Arabi. Universidade Federal de Juiz de Fora, tese de doutorado, 2005. Disponível em: https://www.livrosgratis.com.br/ler-livro-online-1057/a-beguine-e-al-shaykh--um-estudo-comparativo-da-aniquilacao-mistica-em-marguerite-porete-e-ibn. Acesso em: 29 abr. 2022.

[17] Ibidem, p. 153-154.

[18] Diferentemente de outras místicas da época, Margarida Porete não teve visões.

[19] OLIVEIRA, Leandro da Motta, op. cit. p. 30.

[20] Hoje parte da França e Bélgica.

[21] BABINSKY, Ellen L. *Marguerite Porete*: *The mirror of simple souls*. New York: Paulist Press, 1993, p. 7.

[22] SCHWARTZ, Silvia, op. cit. Disponível em: https://www.livrosgratis.com.br/ler-livro-online-1057/a-beguine-e-al-shaykh-um-estudo-comparativo-da-aniquilacao-mistica-em-marguerite-porete-e-ibn. Acesso em: 29 abr. 2022.

[23] PORETE, Marguerite, op. cit., p. 91-92.

[24] EYMERICH, Nicolau, op. cit., p. 233. Obs: Braço secular: poder civil.

[25] PORETE, Marguerite, op. cit., p. 148.

[26] Fonte: BRAGHT, Thielem J. Van. *The Bloody Theatre, or Martyrs Mirror of the Defenseless Christians*. Traduzido para o inglês dos

MÁRTIRES CRISTÃS

originais alemão ou holandês da edição de 1660, por Joseph F. Sohn. Elkhart, Indiana: Mennonite Publishing Company, 1886. EBook of The Project Gutenberg, 2021. Disponível em: https://www.guten berg.org/files/65855/65855-h/65855-h.htm. Acesso em: 11 maio 2022.

27 Ibidem, p. 330.

28 Loc. cit.

29 *Acta Gallica Ibid. em Martirologo. Galico* apud BRAGHT, Thielem J. Van. *The Bloody Theatre*, p. 330.

30 BRAGHT, Thielem J. Van. *The Bloody Theatre*, p. 330.

31 Ibidem, p. 331.

32 ROPS, Daniel. *A igreja da Renascença e da Reforma* (*I*), p. 77.

33 Fontes: BANFIELD, Susan. *Joana D'Arc*. Trad. Maria Silva C. Passos. São Paulo: Nova Cultural, Grandes líderes, 1988; BARROS, Teresa Leitão de. *Benditas entre as mulheres*. Vidas de Santas. Lisboa: Edições Europa, 1936; BATISTA NETO, Jonas; BATISTA, José Alberto. *Joana D'Arc*. São Paulo: Moderna, 1986; ROPS, Daniel. *A igreja da Renascença e da Reforma* (*I*), p. 75-81.

34 BANFIELD, Susan, op. cit., p. 64.

35 BATISTA NETO, Jonas; BATISTA, José Alberto., op. cit., p. 18.

36 BANFIELD, Susan., op. cit., p. 15.

37 LOUIS DE COTES (pajem de Joana) apud BANFIELD, Susan., op. cit., p. 27.

38 ROPS, Daniel. *A igreja da Renascença e da Reforma* (*I*), p. 78.

39 BANFIELD, Susan., op. cit., p. 60.

40 Ibidem, p. 71.

41 BATISTA NETO, Jonas; BATISTA, José Alberto, op. cit., p. 52.

42 Ibidem, p. 53.

Capítulo 4

1 BUCKNELL, Diane. Gospelling in the fire. Disponível em: http://heavenlysprings.org/wp-content/uploads/2011/11/anne-aske we-1.png. Acesso em: 18 mar 2022.

NOTAS

[2] Disponível em: https://www.cosmobooks.co.uk/pages/books/ 356414/foxes-book-of-martyrs/engraving-joan-waste-a-blind-wo man-led-to-be-burnt-near-derby-this-is-an-original-210-year-old -print. Acesso em: 10 maio 2022.

[3] *The story of Joan Waste*. Disponível em: http://www.otteryrefor med.freeola.net/jwaste.htm. Acesso em: 10 maio 2022.

[4] GREY Jane apud HAYKIN, Michael A. G. *8 Mulheres de Fé*. Trad. Catarina Muller. São José dos Campos: Fiel, 2016, p. 31 (grifo nosso).

[5] FOXE, John. *O livro dos mártires*, p. 364-365.

[6] LINDBERG, Carter. *As Reformas na Europa*. Trad. Luís H. Dreher e Luís M. Sander. São Leopoldo: Sinodal, 2001, p. 368.

[7] Fontes: ABREU. Maria Zina Gonçalves de. *A Reforma da Igreja em Inglaterra*. Ação feminina, protestantismo e democratização política e dos sexos. Coimbra: Fundação Calouste Gulbenkian, 2003, p. 272-283; BAINTON, Roland H. *Women of the Reformation*. In France and England. Minneapolis: Fortress Press, 1973, p. 213-219; FOXE, John. O livro dos mártires, Mundo Cristão, 2003, p. 288-293; GRA-VES, Dan. *Anne Askew condemned to fire*. 3 mai 2010. Disponível em: https://www.christianity.com/church/church-history/time line/1501-1600/anne-askew-condemned-to-fire-11629973.html. Acesso em: 17 mar 2022.

[8] FOXE, John. *O livro dos mártires*, p. 292.

[9] GRAVES, Dan. *Anne Askew condemned to fire*. 3 mai 2010. Dispo-nível em: https://www.christianity.com/church/church-history/ timeline/1501-1600/anne-askew-condemned-to-fire-11629973. html. Acesso em: 17 mar 2022.

[10] HANNAY. (Ed.). *Silent but for the word*, p. 90-91 apud ABREU. Maria Zina Gonçalves de, op. cit., p. 282.

[11] FOXE, John. *O livro dos mártires*. Mundo Cristão, 2003, p. 292.

[12] Seis artigos de Henrique VIII prescreviam penalidades graves para quem repudiasse o dogma da transubstanciação, a validade da con-fissão auricular, a santidade dos votos monásticos, a comunhão numa só espécie, a dignidade das missas privadas e a legitimidade do celiba-to clerical.

193

MÁRTIRES CRISTÃS

[13] Fontes: ABREU, Maria Zina Gonçalves, op. cit., p. 286-299; BAIN-TON, Roland H., op. cit., p. 181-190; FOXE, John, op. cit., CPAD, 2020, p. 250-253; HAYKIN, Michael A. G. *8 Mulheres de Fé*, p. 22-46.

[14] FOXE, John, op. cit. CPAD, 2020, p. 252.

[15] Ibidem, p. 251-252.

[16] ABREU, Maria Zina Gonçalves de, op. cit., p. 104.

[17] FOXE, A & M apud ABREU, Maria Zina de, op. cit., p. 289.

[18] HAYKIN, Michael A. G., op. cit., p. 31.

[19] Loc. cit., p. 31 (grifo nosso).

[20] Marcos 14.22.

[21] HAYKIN, Michael A. G., op. cit., p. 38-39.

[22] ABREU, Maria Zina Gonçalves de., op. cit., p. 295.

[23] HAYKIN, Michael A. G., op. cit., p. 43-44.

[24] Ibidem, p. 46

[25] Ibidem, p. 44-46.

[26] Muitos nomes próprios são diferentes na nossa língua, e podem ter sido transcritos ou traduzidos incorretamente. Portanto, é impossível determinar a grafia exata deles, tornando mais difícil sua tradução para o português.

[27] Fontes: FOXE, John. *O livro dos mártires*, Mundo Cristão, 2003. p. 344-345; ... *Uma fé cega: Joan Waste, a mártir de Derby*. Disponível em: https://boullan.wordpress.com/2013/08/01/uma-fe-cega-joan-waste-a-martir-de-derby/. Acesso em: 6 abr. 2022; LOVE-GROVE, Diana. *Women of the Reformation: Joan Waste*. 4 nov. 2011. Disponível em: http://heavenlysprings.org/womenofthereforma tion/women-of-the-reformation-joan-waste-by-diana-lovegrove/. Acesso em: 3 maio 2022; *The story of Joan Waste*. Disponível em: http://www.otteryreformed.freeola.net/jwaste.htm. Acesso em: 10 maio 2022.

[28] LOVEGROVE, Diana. *Women of the Reformation: Joan Waste*. 4 nov. 2011. Disponível em: http://heavenlysprings.org/womenof thereformation/women-of-the-reformation-joan-waste-by-diana-lovegrove/. Acesso em: 3 maio 2022.

NOTAS

[29] *The story of Joan Waste*. Disponível em: http://www.otteryrefor med.freeola.net/jwaste.htm. Acesso em: 10 maio 2022.

[30] Loc. cit.

[31] Fontes: FOXE, John. *O livro dos mártires*. CPAD, 2020. p. 332-337; GRAVES, Dan. *Diabolical Death of Agnes Prest*. 3 May 2010. Disponível em: https://www.christianity.com/church/church-history/ timeline/1501-1600/diabolical-death-of-agnes-prest-11629995. html. Acesso em 26 jan. 2022; Exeter memories. *Memorial de libré Dole Martyr*. 6 jul. 2009. Disponível em: http://www.exetermemo ries.co.uk/em/_art/liverydole.php. Acesso em: 25 jan. 2022.

[32] FOXE, John. *O livro dos mártires*, CPAD, 2020, p. 337.

[33] Loc. cit.

[34] Ibidem, p. 332.

[35] FOXE, John., op. cit., CPAD, 2020, p. 333.

[36] Walter Raleigh (1552-1618) foi um explorador, corsário, escritor e poeta britânico.

[37] FOXE, John., op. cit., CPAD, 2020, p. 336.

[38] *Guildhall* é um edifício em Londres construído no século 15, tendo sido a sede do munícipio por vários séculos. Nele se faziam os julgamentos; as três personagens deste capítulo foram ali julgadas.

[39] GRAVES, Dan. *Diabolical Death of Agnes Prest*. 3 May 2010. Disponível em: https://www.christianity.com/church/church-history/ timeline/1501-1600/diabolical-death-of-agnes-prest-11629995. html. Acesso em: 26 jan. 2022.

[40] FOXE, John. *O livro dos mártires*, CPAD, 2020, p. 337.

[41] Exeter memories. *Memorial de libré Dole Martyr*. 6 jul. 2009. Disponível em: http://www.exetermemories.co.uk/em/_art/liverydole. php. Acesso em: 25 jan. 2022.

[42] Loc. cit.

[43] Fontes: TUCKER, Ruth A.; LIEFELD; Walter. *Daughters of the Church*. Women and ministry from New Testament times to the present. Michigan: Grand Rapids, 1987, p. 190-191; FOXE, John. *O livro dos mártires*. CPAD, 2020, p. 316-318;

[44] FOXE, John. *O livro dos mártires*. CPAD, 2020, p. 317.

[45] Ibidem, p. 316.

MÁRTIRES CRISTÃS

[46] FOXE, John. *O livro dos mártires*. CPAD, 2020, p. 317.

[47] Fontes: GOOD, James I. *Grandes mulheres da Reforma*. Quem foram, o que fizeram e o que sofreram as grandes mulheres da Reforma do século XVI. Trad. Anna Layse Gueiroz. Ananindeua: 2009; SALABAI, Rosana Salviano. *Força e feminilidade*. O legado de mulheres cristãs que marcaram a história. Chapadão do Sul: edição da autora, 2020; FLIEDNER, Enrique. *Los hugonotes*: *triunfos del evangelio*. Historia de los sufrimientos, luchas y victorias em la iglesia evangélica de Francia. Libreria La Aurora, 1939. Disponível em: http://escritu rayverdad.cl/wp-content/uploads/Historia/LOSHUGONOTES-TriunfosdelEvangelio.pdf. Acesso em: 2. abr. 2022.

[48] FLIEDNER, Enrique. *Los hugonotes*: *triunfos del evangelio*, p. 5. Disponível em: http://escriturayverdad.cl/wp-content/uploads/Historia/LOSHUGONOTESTriunfosdelEvangelio.pdf. Acesso em: 2. abr. 2022.

[49] Loc. cit.

[50] GOOD, James I. *Grandes mulheres da Reforma*, p. 86.

[51] Ibidem, p. 87.

[52] GOOD, James I. *Grandes mulheres da Reforma*, p. 89

[53] FLIEDNER, Enrique. *Los hugonotes*: *triunfos del evangelio*, p. 6. Disponível em: http://escriturayverdad.cl/wp-content/uploads/Historia/LOSHUGONOTESTriunfosdelEvangelio.pdf. Acesso em: 2. abr. 2022.

Capítulo 5

[1] Disponível em: https://commons.wikimedia.org/wiki/File:Anne ken_van_den_Hove_te_Brussel_levend_begraven,_1597_Anne ken_wtten_Hove_(titel_op_object),_RP-P-OB-80.328.jpg. Acesso em: 5 abr. 2022.

[2] Disponível em: https://martyrstories.org/anna-jansz/. Acesso em 15 abr. 2022.

[3] *The Anabaptists Church Worldwide*. Disponível em: https://www.theanabaptistchurch.com/. Acesso em: 4 maio 2022.

NOTAS

4   JOLDERSMA, Hermina and GRIJP, Louis (ed. 2 trad.). *Elisabeth's manly courage*, Testemonials and songs of martyrtd anabptist women in the low countries, Milwaukee: Marquette University Press, 2001, p. 15. Livro digital Disponível em: https://docplayer.nl/74781043-Courage-marquette-university-elisabeth-s-manly-in-the-low-countzues-testimonials-and-songs-of-martyrtd-anabaptist-women.html. Acesso em: 1 maio 2022.

5   CAIRNS, Earle E. *O Cristianismo através dos séculos*. Uma história da igreja cristã. 2. ed. Trad. Israel Belo de Azevedo. São Paulo: Vida Nova, 1995, p. 246.

6   Os "sacramentários" argumentavam que os sacramentos não concedem fé, somente a pressupõe. O batismo com água e a participação na ceia do Senhor são expressões exteriores de uma mudança interior.

7   ROPS, Daniel. *A Igreja da Renascença e da Reforma* (*I*). Op. cit., p. 323-324.

8   Peleteiro: que trabalha com peles de animais.

9   JOLDERSMA, Hermina and GRIJP, Louis. (ed. e trad.). *Elisabeth's manly courage*, Testemonials and songs of martyrtd anabptist women in the low countries, Milwaukee: Marquette University Press, 2001, p. 13. Livro digital Disponível em: https://docplayer.nl/74781043-Courage-marquette-university-elisabeth-s-manly-in-the-low-countzues-testimonials-and-songs-of-martyrtd-anabaptist-women.html. Acesso em: 1 maio 2022.

10   *O espelho dos mártires*: *Lembrando os anabatistas*. Disponível em: https://www.nobts.edu/geauxtherefore/articles/2018/Martyr.html. Acesso em: 4 maio 2022.

11   Fontes: MILLER, Joel. *Anna Janz of Roterdam*. 8 nov. 2015. *Anabaptist Word*. Disponível em: https://anabaptistworld.org/anna-jansz-of-rotterdam/. Acesso em: 25 mar 2022; GOWER, David B. *A chorys of voices's the receptionhistory of the parables*. Disponível em: https://parablesreception.blogspot.com/2015/02/reprise-anna-jansz-on-her-way-to.html. Acesso em: 29 mar. 2022; MAST, Gerald. *Anna Jansz*. November 13th, 2015. Disponível em: https://martyrstories.org/anna-jansz/. Acesso em: 22 mar. 2022; JOLDERSMA, Hermina and GRIJP, Louis. (ed. e trad.). *Elisabeth's*

MÁRTIRES CRISTÃS

manly courage, Testemonials and songs of martyred anabaptist women in the low countries. Milwaukee: Marquette University Press, 2001, p. 15. Livro digital disponível em: https://docplayer. nl/74781043-Courage-marquette-university-elisabeth-s-manly -in-the-low-countzues-testimonials-and-songs-of-martyrtd-anabap tist-women.html. Acesso em: 1 maio 2022.

[12] GOWER, David B. *A chorys of voices's the receptionhistory of the parables*. Disponível em: https://parablesreception.blogspot. com/2015/02/reprise-anna-jansz-on-her-way-to.html. Acesso em: 29 mar. 2022.

[13] Loc. cit.

[14] MAST, Gerald. *Anna Jansz*. Disponível em: https://martyrstories. org/anna-jansz/. Acesso em: 22 mar. 2022.

[15] MAST, Gerald. *Anna Jansz*. Disponível em: https://martyrstories. org/anna-jansz/. Acesso em: 22 mar. 2022.

[16] Fontes: BRACTH, Thieleman J. Van (comp.). *O espelho dos mártires*. Boituva: Publicadora Menonita, 2012. p. 174-175; TUCKER, Ruth A; LIEFELD, Walter. *Daughters of the Church*, op. cit., p. 192-193.

[17] BRACTH, Thieleman J. Van (comp.). *O espelho dos mártires*, p. 175.

[18] TUCKER, Ruth A; LIEFELD, Walter., op. cit., p. 192-193.

[19] BRACTH, Thieleman J. Van (comp.), op. cit., p. 174-175.

[20] Fontes: https://gameo.org/index.php?title=Anneken_vanden_ Hove_(m._1597). Acesso em: 10 maio 2022; BRAGHT, Thieleman Van. *The bloody theatre, or Martyrs Mirror of the Defenseless Christians*, p. 994-995. Disponível em: https://www.gutenberg.org/ files/65855/65855-h/65855-h.htm. Acesso em: 11 maio 2022.

[21] *Anneken vande Hove* (d. 1597). Disponível em: https://gameo.org/ index.php?title=Anneken_vanden_Hove_(d._1597). Acesso em: 10 maio 2022.

[22] Fontes: BRAGHT, Thielem J. Van. *The Bloody Theatre, or Martyrs Mirror of the Defenseless Christians*. Traduzido para o inglês dos originais alemão ou holandês da edição de 1660, por Joseph F. Sohn. Elkhart, Indiana: Mennonite Publishing Company, 1886. EBook do

Project Gutenberg, 2021. Disponível em: https://www.gutenberg. org/files/65855/65855-h/65855-h.htm. Acesso em: 11 maio 2022; *O espelho dos mártires*: *Lembrando os anabatistas*. Disponível em: https://www.nobts.edu/geauxtherefore/articles/2018/Martyr.html. Acesso em: 4 maio 2022; *A fé pela qual vale morrer*, p. 84-86. Disponível em: http://www.elcristianismoprimitivo.com/a_fe_pela_ qual_vale_morrer.pdf. Acesso em: 4 maio 2022; NEFF, Christian; CROUS, Ernst. "Maria of Montjoie (m. 1552)." *Global Anabaptist Mennonite Encyclopedia Online*. 1957. Web. 4 May 2022. Disponível em: https://gameo.org/index.php?title=Maria_of_Montjoie_ (d._1552)&oldid=144335. Acesso em: 4 maio 2022.

23 BRAGHT, Thielem J. Van, op. cit., p. 506.

24 *Martyrs Mirror*, p. 525-526 apud *A fé pela qual vale morrer. Uma irmã valente*, p. 84-86. Disponível em: http://www.elcristianismoprimitivo. com/a_fe_pela_qual_vale_morrer.pdf. Acesso em: 4 maio 2022.

25 BRAGHT, Thielem J. Van, op. cit., p. 506.

26 NEFF, Christian; CROUS, Ernst. "Maria of Montjoie (d. 1552)." *Global Anabaptist Mennonite Encyclopedia Online*. 1957. Web. 4 May 2022. Disponível em: https://gameo.org/index.php?title=Maria_of_ Montjoie_(d._1552)&oldid=144335. Acesso em: 4 maio 2022.

27 GOOD, James I. *Grandes mulheres da Reforma*, p. 89.

28 RUINART, R. P. D. Teodorico. *Las verdaderas actas de los mártires*. Disponível em: https://bibliotecadigital.jcyl.es/es/consulta/regis tro.do?id=12816.es/grupo.do?path=10074927. Acesso em: 28 jan. 2022, tomo II, p. 164.

29 BRAGHT, Thielem J. Van, op. cit., p. 1036.

Capítulo 6

1 Disponívelem:https://morakinyoayo.wordpress.com/2020/08/07/ love-and-martyrdom-the-story-of-john-and-betty-stam/. Acesso em: 27 mar 2022.

2 WHITERALL, Gary. *Total Abandon*, foto no miolo do livro.

3 WHITERAL, Bonnie apud WHITERALL, Gary. *Total abandon*, p. 1.

MÁRTIRES CRISTÃS

[4] TUCKER, Ruth A. ...*Até aos confins da terra*. Uma história biográfica das Missões cristãs. Trad. Neyd Siqueira. São Paulo: Vida Nova, 1986, p. 457.

[5] Movimento popular antiocidental e anticristão na China. Seus adeptos criam que seria possível o combate com o treino do boxe chinês (*Kung Fu*).

[6] TUCKER, Ruth A. ...*Até aos confins da terra*, p. 456.

[7] https://www.portasabertas.org.br/cristaos-perseguidos/igreja-perseguida. Acesso em: 11 abr. 2022.

[8] Fontes: CHRISTIE, Vance. *John and Betty Stam*. Missionary Maryrs. Geanies House, Fearn: Christian Focus Publications, 2008; TUCKER, Ruth A. ...*Até aos confins da terra*, p. 456-460; COSTA, Adriana (trad.) *A vida de John e Betty Stam*. Blog Pureza e Santidade ao Senhor. Disponível em: https://afeicoesdoevangelho.wordpress.com/2015/06/28/a-vida-de-john-e-betty-stam/. Acesso em: 7 abr. 2022; *The murder of John and Betty Stam*. Disponível em: https://en-academic.com/dic.nsf/enwiki/1920425. Acesso em 21 mar 2022; https://www.biblia.work/dictionaries/stamelizabeth-alden-scott-betty-1906-1934/. Acesso em: 22 mar. 2017; *John And Betty Stam: Martyred Missionaries To China (Part 1). Herald of his coming*. Disponível em: https://www.heraldofhiscoming.org/index.php/76-past-issues/2016/jan16/598-john-and-betty-stam-martyred-missionaries-to-china-part-1-01-16. Acesso: em 13 abr. 2022. *John And Betty Stam: Martyred Missionaries To China (Part 2). Herald of his coming*. Disponível em: https://www.heraldfhiscoming.org/index.php/77-past-issues/2016/feb16/616-john-and-betty-stam-martyred-missionaries-to-china-part-2-02-16. Acesso em: 13 abr. 2022.

[9] *John And Betty Stam: Martyred Missionaries To China (Part 2). Herald of his coming*. Disponível em: https://www.heraldofhiscoming.org/index.php/77-past-issues/2016/feb16/616-john-and-betty-stam-martyred-missionaries-to-china-part-2-02-16. Acesso em: 13 abr. 2022.

[10] CHRISTIE, Vance. *John and Betty Stam*, p. 39.

[11] Ibidem, p. 42.

NOTAS

[12] Ibidem, p. 48.

[13] CHRISTIE, Vance, op. cit., p. 112-113.

[14] *John and Betty Stam, Their Death Was Gain.* Oct. 26/2009. Disponível em: http://www.pawcreek.org/john-and-betty-stam/. Acesso em: 6 maio 2022.

[15] TUCKER, Ruth A. ...*Até aos confins da terra*, p. 468.

[16] *The murder of John and Beth Stam.* Disponível em: https://en-aca demic.com/dic.nsf/enwiki/1920425. Acesso em: 8 abr. 2022.

[17] Fonte: DANYUN. *Lírios entre espinhos.* Cristãos chineses contam sua história com sangue e lágrimas. Trad. Neyd Siqueira. Monte Verde: Missão Horizontes, 1999, p. 237-256.

[18] DANYUN., op. cit., p. 242.

[19] Ibidem, p. 243.

[20] Ibidem, p. 251.

[21] Ibidem, p. 254.

[22] Fontes: WHITERALL, Gary. *Total abandon.* The powerful true story of life lived in radical devotion to God. Weaton: Tyndale House Publishers, inc. 2005; FARQUHAR, Neil Mac. *American missionary is shot dead in Lebanon.* 21 nov 2002. Disponível em: https://www.nytimes.com/2002/11/21/international/american -missionary-is-shot-dead-in-lebanon.html> Acesso em 23 mar 2022; WASH, Lynden. Memorial Service Held for missionary gunned down at clinic in Lebanon. From Associated Press. L.A. Times Archives. Dec. 1, 2002. Disponível em: https://www.latimes.com/archives/la-xpm-2002-dec-01-na-service1-story.html. Acesso em: 19 jan. 2022.

[23] https://www.latimes.com/archives/la-xpm-2002-dec-01-na-servi ce1-story.html. Acesso em: 19 jan. 2022.

[24] Do diário de Bonnie apud WHITERALL, Gary, op. cit., p. 55.

[25] WHITERALL, Gary, op. cit., p. 56.

[26] Do diário de Bonnie apud WHITERALL, Gary, op. cit., p. 10.

[27] FARQUHAR, Neil Mac. *American missionary is shot dead in Lebanon.* 21 nov 2002. Disponível em: https://www.nytimes.com/2002/11/21/international/american-missionary-is-shot-dead -in-lebanon.html> Acesso em: 23 mar 2022.

MÁRTIRES CRISTÃS

[28] Loc. cit.

[29] Loc. cit.

[30] *Boko Haram*: grupo terrorista radical islâmico da Nigéria; um de seus objetivos é uma educação exclusivamente muçulmana.

[31] https://www.christianitytoday.com/news/2022/january/persegui cao-2022-paises-igreja-cristaos-mortos-evangelho-pt.html. Acesso em: 22 abr. 2022.

[32] CASPER, Jason. Os 50 países onde é mais difícil seguir Jesus em 2022. 19 jan. 2022.Disponível em: https://www.christianitytoday. com/news/2022/january/perseguicao-2022-paises-igreja-cristaos- -mortos-evangelho-pt.html. Acesso em: 22 abr. 2022.

[33] Fontes: ADEBOTE, Seyifunmi. *Porque Eunice Elisha será enterrada em seu aniversário.* 20 jul. 2016. Disponível em: https://encomium. ng/eunice-elisha-to-be-buried-on-her-birthday/. Acesso em 28 abr. 2022; CHAGAS, Tiago. *Evangelista tem garganta cortada por into-lerantes na Nigéria.* 13 jul. 2016. Disponível em: https://noticias. gospelmais.com.br/evangelista-garganta-cortada-enquanto-prega va-nigeria-84114.html. Acesso em: 22 abr. 2022; *Cabeça de mulher cristã é encontrada sobre a Bíblia, na Nigéria.* Disponível em: https:// tonogospel.com/noticias-ler-cabeca-de-mulher-crista-e-encontra da-sobre-a-biblia-na-nigeria/1273. Acesso em 22. abr. 2022.

[34] *Cabeça de mulher cristã é encontrada sobre a Bíblia, na Nigéria.* Dispo-nível em: https://tonogospel.com/noticias-ler-cabeca-de-mulher-crista-e-encontrada-sobre-a-biblia-na-nigeria/1273. Acesso em: 22. abr. 2022.

[35] CHAGAS, Tiago. *Evangelista tem garganta cortada por intoleran-tes na Nigéria.* 13 jul. 2016. Disponível em: https://noticias.gospel mais.com.br/evangelista-garganta-cortada-enquanto-pregava-nige ria-84114.html. Acesso em: 22 abr. 2022.

[36] KOLAWOLE, O'Femi. *Eunice Olawale, Her Killers, and Nigeria's Unsolved Murders.* 2 ago. 2016. Disponível em: https://www.theca ble.ng/eunice-olawale-killers-nigerias-unresolved-murders. Acesso em: 28 abr. 2022.

[37] LOPES, Natalia. *Jovem cristã é brutalmente agredida e queimada na Nigéria.* 13 maio 2022. Disponível em: https://pleno.news/fe/ jovem-crista-e-brutalmente-agredida-e-queimada-na-nigeria.html.

Acesso em: 14 maio 2022; Alleged Blasphemy: Nigerians demand justice for Deborah. *The Guardian Nigeria News.* By Nkechi Onyedika-Ugoeze and Sodiq Omolaoye (Abuja), Chris Irekamba, Ijeoma Thomas-Odia, Eniola Daniel, Sunday Aikulola and Adelowo Adebumiti (Lagos). 14 May 2022. Disponível em: https://guardian.ng/news/nigeria/alleged-blasphemy-nigerians-demand-justice-for-deborah/. Acesso em 14 maio 2022; *Cristã é morta por muçulmanos na Nigéria.* Grupo de universitários ataca estudante por falar de Jesus no WhatsApp. 13 maio 2022. Disponível em: https://www.portas abertas.org.br/noticias/cristaos-perseguidos/crista-e-morta-por -muculmanos-na-nigeria. Acesso em: 14 maio 2022.

[38] Grupo de universitários ataca estudante por falar de Jesus no WhatsApp. 13 maio 2022. Disponível em: https://www.portasabertas. org.br/noticias/cristaos-perseguidos/crista-e-morta-por-muculma nos-na-nigeria. Acesso em: 14 maio 2022.

[39] Alleged Blasphemy: Nigerians demand justice for Deborah. *The Guardian.* By Nkechi Onyedika-Ugoeze and Sodiq Omolaoye (Abuja), Chris Irekamba, Ijeoma Thomas-Odia, Eniola Daniel, Sunday Aikulola and AdelowoAdebumiti (Lagos).

[14] May 2022. Disponível em: https://guardian.ng/news/nigeria/allege d-blasphemy-nigerians-demand-justice-for-deborah/. Acesso em 14 maio 2022.

[40] *Cristã é morta por muçulmanos na Nigéria.* Grupo de universitários ataca estudante por falar de Jesus no WhatsApp. 13 maio 2022. Disponível em: https://www.portasabertas.org.br/noticias/cristaos-perseguidos/ crista-e-morta-por-muculmanos-na-nigeria. Acesso em: 14 maio 2022.

[41] LOPES, Natalia. *Jovem cristã é brutalmente agredida e queimada na Nigéria.* 13 maio 2022. Disponível em: https://pleno.news/fe/ jovem-crista-e-brutalmente-agredida-e-queimada-na-nigeria.html. Acesso em 14 maio 2022.

[42] Alleged Blasphemy: Nigerians demand justice for Deborah. *The Guardian Nigeria News.* By Nkechi Onyedika-Ugoeze and Sodiq Omolaoye (Abuja), Chris Irekamba, Ijeoma Thomas-Odia, Eniola Daniel, Sunday Aikulola and AdelowoAdebumiti (Lagos). 14 May 2022. Disponível em: https://guardian.ng/news/nigeria/

alleged-blasphemy-nigerians-demand-justice-for-deborah/. Acesso em 14 maio 2022.

[42] BRAGHT, Thielem J. Van. *The Bloody Theatre*, p. 2.

Palavras finais

[1] CHRISTIE, Vance. *John and Betty Stam*. p, 109.

[2] HAMILTON, E. H apud CHRISTIE, Vance. *John and Betty Stam*, p. 109.

REFERÊNCIAS

ABREU, Maria Zina Gonçalves de. *A Reforma da Igreja em Inglaterra*. Ação feminina, protestantismo e democratização política e dos sexos. Coimbra: Fundação Calouste Gulbenkian, 2003.

AMBROSIO. *Tratado de las virgenes*. Trad. A. Conca. Buenos Aires: Nueva Biblioteca Filosófica TOR/Rio de Janeiro: Dirección, Administración y Talleres (s.d.).

BAINTON, Roland H. *Women of the Reformation*. In France and England. Minneapolis: Fortress Press, 1973.

BABINSKY, Ellen L. *Marguerite Porete*: The mirror of simple souls. New York: Paulist Press, 1993.

BANFIELD, Susan. *Joana D'Arc*. Trad. Maria Silva C. Passos. São Paulo: Nova Cultural, Grandes líderes, 1988.

BARROS, Teresa Leitão de. *Benditas entre as mulheres*. Vidas de Santas. Lisboa: Edições Europa, 1936.

BATISTA NETO, Jonas; BATISTA, José Alberto. *Joana D'Arc*. São Paulo: Moderna, 1986.

BETTENSON, Henry (Ed.). *Documentos da igreja cristã*. 3. ed. Trad. Helmuth Alfred Simon. São Paulo: Aste/Simpósio, 1998.

BRACHT, Thieleman J. Van. *O espelho dos mártires*. Trad. Publicadora Menonita. Boituva: Publicadora Menonita/Monte Sião do Brasil, 2012.

CAIRNS, Earle E. *O cristianismo através dos séculos*. Uma história da igreja cristã. 2. ed. Trad. Israel Belo de Azevedo. São Paulo: Vida Nova, 1995.

CANTU, Césare. *História Universal*. São Paulo: Editora das Américas (s.d.), v. 7.

CELSO. *Discurso contra os cristãos*. Texto latino do século 2 d.C. Introdução e tradução de Louis Rougier. São Paulo: Bira Câmara Editor, 2010.

CINTRA, Luiz Fernando. *Os primeiros cristãos*. 2. ed. São Paulo: Quadrante, 1991.

CHRISTIE, Vance. *John and Betty Stam*. Missionary Maryrs. Geanies House, Fearn: Christian Focus Publications, 2008.

DANYUN. *Lírios entre espinhos*. Cristãos chineses contam sua história com sangue e lágrimas. Trad. Neyd Siqueira. Monte Verde: Missão Horizontes, 1999.

DURANT, Will. *História da civilização*. 3ª parte: César e Cristo. 2. ed. Trad. Monteiro Lobato. São Paulo: Companhia Editora Nacional, 1957, v. 2.

EYMERICH, Nicolau. *Directorium Inquisitorium*. Manual dos Inquisidores. Comentado, revisto e ampliado, por Francisco de la Peña. Trad. Maria José Lopes da Silva. Avinhão, 1375; Roma, 1578. Rio de Janeiro: Rosa dos Tempos; Brasília: Fundação Universidade de Brasília, 1993.

FINKE. Enrique. *La mujer em la edad media*. Trad. Alemán Ramon Carande. Madrid: Revista de Occidente, 1926.

FOXE, John. *O livro dos mártires*. Trad. Almiro Pisetta. São Paulo: Mundo Cristão, 2003.

FOXE, John. *A história dos sofrimentos e morte dos cristãos primitivos e dos mártires protestantes*. 23. ed. Trad. Marta Doreto de Andrade; Deomar Ribas Júnior. Rio de Janeiro: CPAD, 2020.

REFERÊNCIAS

GONZÁLEZ, Justo L. *A era dos mártires*. Uma história ilustrada do cristianismo. Trad. Key Yuasa. São Paulo: Vida Nova, 1995, v. 1.

GOOD, James I. *Grandes mulheres da Reforma*. Quem foram, o que fizeram e o que sofreram as grandes mulheres da Reforma do século XVI. Trad. Anna Layse Gueiroz. Ananindeua: 2009.

HAYKIN, Michael A. G. *8 mulheres de fé*. Trad. Catarina Muller. São José dos Campos: Fiel, 2016.

LIFTIN, Bryan M. *Conhecendo os mártires da Igreja Primitiva*. Uma introdução evangélica. Trad. Marcelo Brandão Cipolla. São Paulo: Vida Nova, 2019.

LINDBERG, Carter. *As Reformas na Europa*. Trad. Luís H. Dreher e Luís M. Sander. São Leopoldo: Sinodal, 2001.

OLIVEIRA, Leandro da Motta. *Marguerite Porete e as beguinas*. A importante participação das mulheres nos movimentos espirituais e políticos da Idade Média. São Paulo: Dialética, 2021.

PELLISTRANDI, Stan-Michel. *O cristianismo primitivo*. Rio de Janeiro: Otto Pierre Editores, 1978.

PERROT, Michelle. *Minha história das mulheres*. 2. ed. São Paulo: Contexto, 2016.

PORETE, Marguerite. *O Espelho das almas simples e aniquiladas e que permanecem somente na vontade e no desejo do Amor*. Trad. e notas de Sílvia Schwartz. Petrópolis: Vozes, 2008.

REILLY, A. J. O. *Os mártires do Coliseu*. Rio de Janeiro: CPAD, 2005.

ROMAG, Dagoberto. *A Antiguidade cristã*. Petrópolis: Vozes, 1941, v. 1.

ROPERO, Alfonso. *Mártires y perseguidores*. Historia general de las persecuciones (siglos I-X). Barcelona: Clie, 2010.

ROPS, Daniel. *A igreja dos apóstolos e dos mártires*. Trad. Emérico da Gama. São Paulo: Quadrante, 1988.

MÁRTIRES CRISTÃS

ROPS, Daniel. *A igreja das catedrais e das cruzadas*. Trad. Emérico da Gama. São Paulo: Quadrante, 1993.

ROPS, Daniel. *A igreja da Renascença e da Reforma (I)*. Trad. Emérico da Gama. São Paulo: Quadrante, 1996.

SALABAI, Rosana Salviano. *Força e feminilidade*. O legado de mulheres cristãs que marcaram a história. Chapadão do Sul: edição da autora, 2020.

SCHLESINGER, Hugo; PORTO, Humberto. *Dicionário enciclopédico das religiões*. Petrópolis: Vozes, 1995, v. 1 (A-J).

TÁCITO. *Anais*. Trad. e prólogo de Leopoldo Pereira. Rio de Janeiro: Tecnoprint (s.d.).

TUCKER, Ruth A. *...Até aos confins da terra*. Uma história biográfica das missões cristãs. Trad. Neyd Siqueira. São Paulo: Vida Nova, 1986.

TUCKER, Ruth A.; LIEFELD, Walter. *Daughters of the Church*. Women and ministry from New Testament times to the present. Michigan: Grand Rapids, 1987.

VAUCHEZ, André. *A espiritualidade na Idade Média Ocidental*. Trad. Lucy Magalhães. Rio de Janeiro: Zahar, 1995.

VISALLI, Gayla (Ed.). *Depois de Jesus, o triunfo do Cristianismo*. Rio de Janeiro: Reader's Digest Brasil Ltda, 1999.

WALTON, Robert C. *História da igreja em quadros*. Trad. Josué Ribeiro. São Paulo: Vida, 2000.

WHITERALL, Gary. *Total abandon*. The powerful true story of life lived in radical devotion to God. Weaton: Tyndale House Publishers, inc. 2005.

WILLIAMS, Terri. *Cronologia da história eclesiástica em gráficos e mapas*. São Paulo: Vida Nova, 1993.

Sites

ADEBOTE, Seyifunmi. *Porque Eunice Elisha será enterrada em seu aniversário*. Disponível em: https://encomium.ng/eunice-elisha -to-be-buried-on-her-birthday/. Acesso em: 28 abr. 2022;

BIBLIA WOK. Disponível em: https://www.biblia.work/dictiona ries/stamelizabeth-alden-scott-betty-1906-1934/. Acesso em: 22 mar. 2022.

BOULLAN. *Uma fé cega*: Joan Waste, a mártir de Derby. Disponível em: https://boullan.wordpress.com/2013/08/01/uma-fe-cega-joan-waste-a-martir-de-derby/. Acesso em: 6 abr. 2022.

CHAGAS, Tiago. *Evangelista tem garganta cortada por intolerantes na Nigéria*. Disponível em: https://noticias.gospelmais.com.br/ evangelista-garganta-cortada-enquanto-pregava-nigeria-84114. html. Acesso em: 22 abr. 2022.

CHRISTIANITY TODAY. Disponível em: https://www.chris tianitytoday.com/news/2022/january/perseguicao-2022-paises -igreja-cristaos-mortos-evangelho-pt.html. Acesso em: 22 abr. 2022.

COSTA, Adriana (trad.). A vida de John e Betty Stam. *Blog Pureza e Santidade ao Senhor*. Disponível em: https://afeicoesdoevange lho.wordpress.com/2015/06/28/a-vida-de-john-e-betty-stam/. Acesso em: 7 abr. 2022.

ECCLESIA BRASIL. *Timóteo e sua esposa Maura, mártires de Antinópolis*. Disponível em: https://www.ecclesia.org.br/ sophia/?p=36675. Acesso em: 14 abr. 2022.

EN ACADEMIC. *The murder of John and Betty Stam*. Disponível em: https://en-academic.com/dic.nsf/enwiki/1920425. Acesso em: 21 mar 2022.

EXETER MEMORIES. *Memorial de libré Dole Martyr*. Disponível em: http://www.exetermemories.co.uk/em/_art/liverydole.php. Acesso em: 25 jan. 2022.

MÁRTIRES CRISTÃS

FARQUHAR, Neil Mac. *American missionary is shot dead in Leba-non*. Disponível em: https://www.nytimes.com/2002/11/21/international/american-missionary-is-shot-dead-in-lebanon.html. Acesso em: 23 mar 2022.

FORTES, Carolina Coelho. Os mártires na legenda áurea: a rein-venção de um tema antigo em um texto medieval. *In*: LESSA, Fábio; BUSTAMANTE, Regina (Orgs.). *Memória & Festa*. Rio de Janeiro: Mauad, 2005. Disponível em: https://www.pem.historia.ufrj.br/arquivo/carolfortes002.pdf. Acesso em: 20 jan. 2022.

GOWER, David B. *A chorys of voices's the reception history of the parables*. Disponível em: https://parablesreception.blogspot.com/2015/02/reprise-anna-jansz-on-her-way-to.html. Acesso em: 29 mar. 2022.

GRAVES, Dan. *Anne Askew condemned to fire*. Disponível em: https://www.christianity.com/church/church-history/timeline/1501-1600/anne-askew-condemned-to-fire-11629973.html. Acesso em: 17 mar 2022.

GRAVES, Dan. *Diabolical Death of Agnes Prest*. Disponível em: https://www.christianity.com/church/church-history/timeline/1501-1600/diabolical-death-of-agnes-prest-11629995.html. Acesso em: 26 jan. 2022.

GUARDIAN. Alleged Blasphemy: Nigerians demand justice for Deborah. *The Guardian Nigeria News*. Por Nkechi Onyedika-Ugoeze and Sodiq Omolaoye (Abuja), Chris Irekamba, Ijeoma Thomas-Odia, Eniola Daniel, Sunday Aikulola e Adelowo Ade-bumiti (Lagos). Disponível em: https://guardian.ng/news/nigeria/alleged-blasphemy-nigerians-demand-justice-for-deborah/. Acesso em: 14 maio 2022.

HERALD OF HIS COMING. "John And Betty Stam: Martyred Missionaries To China (Part 1)." *Herald of his coming*. Dis-ponível em: https://www.heraldofhiscoming.org/index.php/76-past-issues/2016/jan16/598-john-and-betty-stam-

REFERÊNCIAS

martyred-missionaries-to-china-part-1-01-16. Acesso em: 13 abr. 2022.

HERALD OF HIS COMING. "John And Betty Stam: Martyred Missionaries To China (Part 2)." *Herald of his coming.* Disponível em: https://www.heraldofhiscoming.org/index.php/77-past-issues/2016/feb16/616-john-and-betty-stam-martyred-missio naries-to-china-part-2-02-16. Acesso em: 13 abr. 2022.

HUNTER-KILMER, Meg. *Torturados cruelmente por praticar sua fé, juntos eles se recusaram a negar a Cristo.* Disponível em: https://aleteia.org/2017/04/27/saints-timothy-and-maura-ne wlyweds-martyred-together/. Acesso em: 15 abr. 2022.

KOLAWOLE, O'Femi. *Eunice Olawale, Her Killers, and Nigeria's Unsolved Murders.* Disponível em: https://www.thecable.ng/eunice-olawale-killers-nigerias-unresolved-murders. Acesso em: 28 abr. 2022.

LATIMES. Disponível em: https://www.latimes.com/archives/la-xpm-2002-dec-01-na-service1-story.html. Acesso em: 19 jan. 2022.

LOPES, Natalia. *Jovem cristã é brutalmente agredida e queimada na Nigéria.* Disponível em: https://pleno.news/fe/jovem-crista-e--brutalmente-agredida-e-queimada-na-nigeria.html. Acesso em: 14 maio 2022.

LOVEGROVE, Diana. *Women of the Reformation*: Joan Waste. Disponível em: http://heavenlysprings.org/womenoftherefor mation/women-of-the-reformation-joan-waste-by-diana-love grove/. Acesso em: 3 maio 2022.

MARY MAGDALENE CHURCH. *Saints Timothy and Maura.* Disponível em: https://www.stmarymagdalenechurch.org/news_140421_3. Acesso em: 8 abr. 2022.

MAST, Gerald. *Anna Jansz.* Disponível em: https://martyrstories.org/anna-jansz/. Acesso em: 22 mar. 2022.

MÁRTIRES CRISTÃS

MILLER, Joel. *Anna Janz of Roterdam. Anabaptist Word.* Disponível em: https://anabaptistworld.org/anna-jansz-of-rotterdam/. Acesso em: 25 mar 2022.

NEFF, Christian; CROUS, E. "Maria of Montjoie (d. 1552)." *Global Anabaptist Mennonite Encyclopedia Online.* 1957. 4 maio 2022. Disponível em: https://gameo.org/index.php?title=Maria_of_Montjoie_(d._1552)&oldid=144335. Acesso em: 4 maio 2022.

NOBTS. *O espelho dos mártires*: lembrando os anabatistas. Disponível em: https://www.nobts.edu/geauxtherefore/articles/2018/Martyr.html. Acesso em: 4 maio 2022.

PAW CREEK. *John and Betty Stam Their Death Was Gain.* Disponível em: http://www.pawcreek.org/john-and-betty-stam/. Acesso em: 6 maio 2022.

PORTAS ABERTAS. *Cristã é morta por muçulmanos na Nigéria.* Grupo de universitários ataca estudante por falar de Jesus no WhatsApp. 13 maio 2022. Disponível em: https://www.portasabertas.org.br/noticias/cristaos-perseguidos/crista-e-morta-por-muculmanos-na-nigeria. Acesso em: 14 maio 2022.

PORTAS ABERTAS. Disponível em: https://www.portasabertas.org.br/cristaos-perseguidos/igreja-perseguida. Acesso em: 11 abr. 2022.

THE ANABAPTISTS CHURCH. *The Anabaptists Church Worldwide.* Disponível em: https://www.theanabaptistschurch.com/. Acesso em: 4 maio 2022.

TONO GOSPEL.*Cabeça de mulher cristã é encontrada sobre a Bíblia, na Nigéria.* Disponível em: https://tonogospel.com/noticias-ler/cabeca-de-mulher-crista-e-encontrada-sobre-a-biblia-na-nigeria/1273. Acesso em 22 abr. 2022.

WASH, Lynden. *Memorial Service Held for missionary gunned down at clinic in Lebanon.* From Associated Press. L.A. Times Archives, 2002. Disponível em: https://www.latimes.com/archives/la-xpm-2002-dec-01-na-service1-story.html. Acesso em: 19 jan. 2022.

Tese de doutorado

SCHWARTZ, Silvia. *A beguine e Al'Hykh*. Um estudo comparativo da aniquilação mística em Marguerite Porete e Ibn'Arabi. Tese (Doutorado) — Universidade Federal de Juiz de Fora 2005. Disponível em: https://www.livrosgratis.com.br/ler-livro-onli ne-1057/a-beguine-e-al-shaykh--um-estudo-comparativo-da-aniquilacao-mistica-em-marguerite-porete-e-ibn. Acesso em: 29 abr. 2022.

Livros digitais

BRAGHT, Thielem J. Van. *The Bloody Theatre, or Martyrs Mirror of the Defenseless Christians*. Traduzido para o inglês dos originais alemão ou holandês da edição de 1660, por Joseph F. Sohn. Elkhart, Indiana: Mennonite Publishing Company, 1886.

EL cristianismo primitivo. *A fé pela qual vale morrer*, p. 84-86. Disponível em: http://www.elcristianismoprimitivo.com/a_fe_ pela_qual_vale_morrer.pdf. Acesso em: 4 maio 2022.

FLIEDNER, Enrique. *Los hugonotes*: *triunfos del evangelio*. Historia de los sufrimientos, luchas y victorias em la iglesia evangélica de Francia. Libreria La Aurora, 1939. Disponível em: http://escri turayverdad.cl/wp-content/uploads/Historia/LOSHUGONO TESTriunfosdelEvangelio.pdf. Acesso em: 2 abr. 2022.

GUTENBERG. EBook of The Project Gutenberg, 2021. Disponível em: https://www.gutenberg.org/files/65855/65855-h/ 65855-h.htm. Acesso em: 11 maio 2022.

JOLDERSMA, Hermina; GRIJP, Louis (ed. e trad.). *Elisabeth's manly courage*. Testemonials and songs of martyrtd anabptist women in the low countries. Milwaukee: Marquette University Press, 2001, p. 15. Livro digital disponível em: https://docplayer. nl/74781043-Courage-marquette-university-elisabeth-s-manly

-in-the-low-countzues-testimonials-and-songs-of-martyrtd-ana baptist-women.html. Acesso em: 1º maio 2022.

RUINART, Ludovico. *Las actas dos verdadeiros mártires sacadas, revistas, y corregidas sobre muchos antiguos manuscritos.* Madrid: D. Joachin Ibarra, 1776. Biblioteca Digital de Castilla y León. Disponível em: https://bibliotecadigital.jcyl.es/es/consulta/registro.do?id=12816. Acesso em: 28 jan. 2022.

SOBRE A AUTORA

RUTE SALVIANO ALMEIDA é licenciada em Estudos Sociais, bacharel em Teologia, pós-graduada em História do Cristianismo e mestre em Teologia. Foi professora da Faculdade Teológica Batista de Campinas por vinte anos. É autora de livros sobre a história das mulheres no cristianismo, como *Heroínas da Fé* (GodBooks) e *Reformadoras* (GodBooks e Thomas Nelson Brasil), e recebeu o Prêmio Areté, na categoria "História da igreja", pela obra *Vozes femininas no início do protestantismo brasileiro*. Rute, que foi empossada, em 19 de março de 2022, como membro titular da cadeira 31 na Academia Evangélica de Letras do Brasil, é membro da Igreja Batista do Cambuí, em Campinas (SP).

Conheça outras obras da GODbooks

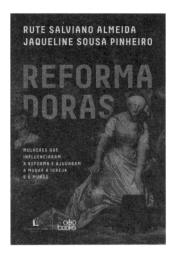

REFORMADORAS
Rute Salviano Almeida e Jaqueline Sousa Pinheiro

Reformadoras faz um brilhante trabalho de resgate da memória de filhas de Deus que devotaram a vida à causa do evangelho de Cristo e deram uma contribuição inestimável a um dos movimentos mais importantes da trajetória da Cristandade: a Reforma Protestante. Essas servas do Senhor entregaram por amor a Cristo o intelecto, o coração, o tempo, os esforços e até a própria vida, a fim de cumprir a grande comissão e levar o povo de Deus à maturidade espiritual.

HEROÍNAS DA FÉ
Rute Salviano Almeida

Este devocional inovador traz reflexões muito atuais, a partir da Bíblia e da biografia de dezenas de mulheres que desempenharam importante papel na trajetória do cristianismo, das mártires da igreja primitiva às pioneiras da igreja evangélica brasileira. Rute Salviano Almeida conciliou sua formação e experiência como teóloga e historiadora em um livro que informa e edifica.

HEROÍNAS DA GRAÇA
Rute Salviano Almeida

Com prefácio de Helena Tannure, este devocional traz reflexões extremamente atuais, a partir da vida e do exemplo de mulheres que desempenharam importante papel na trajetória do cristianismo e deram exemplo de perseverança, santidade, vigor espiritual e intimidade com Cristo. Acompanhe, ao longo de um ano, as lições de vida dessas heroínas da graça de Deus e seja fortalecida, transformada e motivada a uma vida de plenitude no relacionamento com o Amado de nossa alma: Jesus Cristo.

UNIDADE PERFEITA
Durvalina Bezerra, Maurício Zágari, William Douglas, Igor Miguel, Carol Bazzo e outros

Em *Unidade perfeita*, onze autores de diferentes linhas do cristianismo refletem sobre os benefícios que advêm da unidade do corpo de Cristo e os malefícios decorrentes do sectarismo em áreas que vão desde a santidade pessoal e a influência da igreja na sociedade até os esforços missiológicos, acadêmicos e evangelísticos.

O EVANGELHO DA PAZ E O DISCURSO DE ÓDIO

David Koyzis, Craig Blomberg, Timothy Dalrymple, Robinson Grangeiro, Davi Lago, Maurício Zágari e outros

Três pensadores norte-americanos, um africano e nove brasileiros oferecem um diagnóstico preciso de como os cristãos têm agido em dias de polarização e ódio, propõem tratamentos e indicam um prognóstico, à luz da Bíblia. A constatação é unânime: algo não está certo, e alguma atitude precisa ser tomada. Acomodar-se não pode ser o caminho, pois significa tornar-se cúmplice — quando não promotor — de um estado de coisas que confronta a mensagem da cruz.

UM CLAMOR POR UNIDADE E PAZ NA IGREJA

John Bunyan

No mundo da era digital, quando as redes sociais e outras mídias amplificaram a amarga voz de pessoas agressivas e sectárias que trafegam pelos corredores das igrejas, ouvir a voz de John Bunyan é mais que um bálsamo: é uma urgência. Neste livro, o autor de *O peregrino* conclama os cristãos a priorizar a unidade pelo que têm em comum em vez de se atacar pelo que têm de diferente.

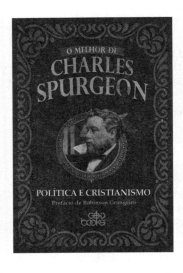

O MELHOR DE CHARLES SPURGEON — POLÍTICA E CRISTIANISMO

Charles Spurgeon

Este é um livro sem igual, fruto de um extenso trabalho de pesquisa da GodBooks. Esta segunda obra da coleção *O melhor de Charles Spurgeon* é um esclarecedor mosaico de trechos criteriosamente selecionados de artigos e sermões do autor sobre a relação entre cristianismo e política, Igreja e Estado. No todo, a soma das partes apresenta o rico entendimento bíblico do "último dos puritanos" acerca da tão controversa relação entre a política e o cristianismo — que segue mais atual e relevante do que nunca.

O MELHOR DE CHARLES SPURGEON — CRISTO, NOSSA PÁSCOA

Charles Spurgeon

Este primeiro livro da coleção *O melhor de Charles Spurgeon* é formado pela união de dois sermões pregados por Spurgeon, em 1855, na New Park Street Chapel, em Londres. São duas mensagens que, juntas, formam uma bela unidade e se complementam, ao apontar Jesus como o nosso Cordeiro Pascal. A GodBooks convida você a se deleitar espiritualmente com as palavras divinamente iluminadas de Charles Haddon Spurgeon, que nos confrontam, desafiam e conduzem para perto de Jesus de Nazaré.

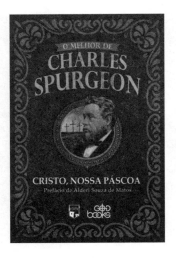

A CURA DA SOLIDÃO
Maurício Zágari

Estatísticas e pesquisas científicas mostram que há uma pandemia de solidão em curso, que faz vítimas, inclusive, entre cristãos. Fato é que existem, até mesmo nas igrejas, multidões que sofrem, silenciosamente, com as dores da solidão. A boa notícia é que esse mal tem cura e ela está ao alcance de quem sofre do problema e de todo aquele que deseja contribuir para a cura dos solitários.

CRISTÃO CIDADÃO
Marcos Mendes

Grande parcela da igreja tem se mostrado irrelevante na transformação de realidades cruéis que atingem milhões de pessoas. Em grande parte, isso se deve a um pensamento que faz separação entre a espiritualidade e a cidadania do cristão. Este livro busca estimular cada cristão a tornar sua fé cada vez mais relevante na sociedade, com impactos de fato transformadores sobre o mundo ao redor.

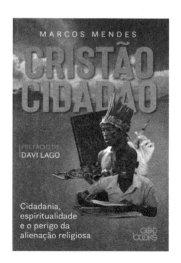

DÄMMERUNG — O que é mais forte: amor ou ódio, pecado ou perdão?

Alda Fernandes

Nesta ficção cristã impactante, envolvente e transformadora, a psicóloga Alda Fernandes usa sua experiência de vida, muitos princípios bíblicos e seus conhecimentos sobre a natureza humana para apresentar uma saga de amor e ódio, pecado e perdão, culpa e liberdade que fala profundamente ao coração de homens e mulheres de todas as idades. Um livro que leva às lágrimas, pois fala aos recônditos mais profundos da alma humana.

MINHA MELHOR VERSÃO

Giulia Peppinelli

Este livro foi escrito para ajudá-la a conhecer a sua melhor versão. Nesse processo de autodescoberta, você vai compreender o propósito de cada um dos dons que Deus lhe deu. Você se verá com uma nova perspectiva diante da graça do Senhor. Seus pensamentos serão cheios de esperança, pois aquele que é dono do improvável rege a sua vida e faz de você sua filha.

AVIVAMENTO — OBRA EXTRAORDINÁRIA DE DEUS

Augustus Nicodemus

Neste livro definitivo sobre o assunto, Augustus Nicodemus usa de rigor na exposição da Palavra de Deus para desvendar o significado preciso e escriturístico de avivamento bíblico e combater todo ensinamento equivocado sobre o assunto. A obra, que conta com prefácio de Hernandes Dias Lopes, faz uma profunda análise sobre o sentido correto desse fenômeno tão desejado por todo cristão: o avivamento bíblico.

FELICIDADE VERDADEIRA

Heber Campos Jr.

As bem-aventuranças são um tratado sobre a verdadeira felicidade cristã. Para que você possa compreender com exatidão o que é a real alegria de um filho e uma filha de Deus, à luz do evangelho de Cristo, é necessário determinar o que define a vida de quem é verdadeiramente regenerado pelo Espírito Santo. E é isso que Heber Campos Jr. faz, com primazia, em *Felicidade verdadeira*.

Adquira, em e-book ou impresso, nas melhores livrarias ou em www.godbooks.com.br.
Siga-nos nas redes sociais: @editoragodbooks.

Este livro foi impresso pela Cruzado, em 2022, para a Thomas Nelson Brasil. O papel do miolo é pólen bold 70g/m², e o da capa é cartão 250g/m².